¡fidelidad! ¡integridad!

En busca del mejor texto de las Escrituras

El propósito de la Sociedad Bíblica Internacional es el de traducir fielmente la Palabra de Dios, publicarla y alcanzar con ella a todos, a fin de que muchos alrededor del mundo se hagan discípulos de Jesucristo y miembros de su Cuerpo.

Si desea recibir un catálogo gratis donde aparecen cientos de productos para el ministerio basados en las Escrituras, diríjase a la Sociedad Bíblica Internacional:

Teléfono: 1-800-237-7266
Fax: 1-305-640-1940
Internet: www.IBSDirect.com
Dirección electrónica: ibs@gospelcom.net
Dirección postal: Apdo Postal 522241, Miami, FL 33152

¡Fidelidad! ¡Integridad! ©2001
Editor: Luciano Jaramillo Cárdenas
Diseñado por: Kate Hoyman

La misión de Editorial Vida es proporcionar los recursos necesarios a fin de alcanzar a las personas para Jesucristo y ayudarlas a crecer en su fe.

Nos agradaría recibir noticias suyas. Por favor, envíe sus comentarios sobre este libro, o escríbanos si desea recibir catálogos, a la dirección que aparece a continuación. Muchas gracias.

Editorial Vida
8325 NW 53rd Street, Suite 100
Miami, FL 33166-4665
(305) 463-8432
1 800 843-2548
vidapub.sales@zph.com
www.editorialvida.com

ISBN 0-8297-4116-X

 Zondervan

SOCIEDAD BÍBLICA INTERNACIONAL

EDITORIAL**Vida**

19100   2/01
SBI01-50000   Impreso en Colombia

Contenido

Dedicatoria

A todos los que de una u otra forma contribuyeron a la realización del hermoso e importante proyecto de la *Nueva Versión Internacional*.

De manera especial a los miembros del comité de traducción bíblica, cuyos nombres aparecen a continuación, que con amor, dedicación y sacrificio hicieron posible que el pueblo de habla hispana tuvieran hoy una de las mejores versiones de la Biblia, en un español contemporáneo fresco, claro, digno y elegante, fiel a los originales y al alcance de los lectores de la presente y las futuras generaciones:

> Dr. C. René Padilla (Presidente del CTB)
> Dr. Luciano Jaramillo (Secretario Ejecutivo)
> Dr. Mariano Ávila
> Lic. Humberto Casanova Roberts
> Dr. Juan Carlos Cevallos
> Dr. Samuel Escobar
> Dr. Ricardo Faulkes
> Lic. Nora Martínez
> Dr. Emilio Antonio Núñez
> Lic. Catalina Feser de Padilla
> Dr. Samuel Pagán
> Lic. Oscar Humberto Pereira García
> Lic. Carlos Rey Stewart
> Dr. Eugenio Rubingh
> Dr. Edesio Sánchez
> Dr. Moisés Silva
> Lic. Alfredo Tépox
> Dr. Eldin Villafañe
> Sr. Dennie Vincent
> Lic. Cosme Damián Vivas Valencia
> Dr. Esteban Voth
> Dr. Ronald F. Youngblood
> Dr. Hugo Zorrilla

INTRODUCCIÓN

Este libro presenta a los lectores de habla hispana, y especialmente a los amantes de la Biblia, la *Nueva Versión Internacional (NVI)*, la más reciente traducción de las Sagradas Escrituras en español hecha directamente de los idiomas originales hebreo, arameo y griego por un selecto grupo de expertos especialistas en las diversas disciplinas bíblicas, pertenecientes a unas doce diferentes denominaciones cristianas evangélicas y a unos quince países de nuestro continente americano.

Desde su publicación, la *NVI* se ha constituido en un éxito de ventas y distribución. Más de dos millones de ejemplares en menos de dos años muestran la amplia acogida que ha tenido esta versión de la Biblia, hecha en un claro, fresco y elegante español contemporáneo. Por algo se ha llamado «la Biblia del tercer milenio». Tomó poco más de diez años al comité de traducción bíblica completar el trabajo de traducción de la *NVI*, utilizando el mejor texto fuente hoy existente, producto de la investigación de expertos en el texto y en las disciplinas relacionadas con la crítica textual, quienes trabajaron en miles de manuscritos, en su mayoría descubiertos en los últimos cien años. Esto nos ha permitido contar hoy con el texto más depurado y cercano a los originales que jamás pudo soñarse.

Era ya tiempo de que nuestros lectores de habla hispana tuvieran una versión de la Biblia en un lenguaje contemporáneo, de fácil lectura y comprensión, pero de comprobada elegancia y belleza, tal como se lo merece la Palabra de Dios. Pero era así mismo importante entregar a los lectores de la Biblia en este nuevo siglo el texto bíblico más íntegro, cercano y fiel a los originales; depurado de adiciones, errores e interpolaciones, que con el correr de los siglos le fueron añadidos. Gracias a las ciencias bíblicas modernas, la antropología, la arqueología, la semántica, la semiótica y especialmente a la crítica textual podemos hoy clarificar cuál es en verdad el más puro texto bíblico, el más cercano a los autógrafos u originales. Y este libro nos explica cómo para lograrlo muchas palabras, pasajes y versículos han tenido que salir del texto, ya que según el estudio concienzudo y detenido de los miles de manuscritos con los que hoy contamos, nunca en realidad pertenecieron al mismo. No debemos temer, sin embargo, que la enseñanza bíblica o las verdades contenidas en la Biblia se alteren. Cada afirmación y enseñanza importante en las Escrituras está respaldada por una rica variedad de textos y pasajes por lo que no necesitan ciertamente apoyarse en textos que la crítica textual ha identificado como no existentes o dudosos.

En realidad, en la composición de este libro intervinieron muchas manos. Mencionamos los principales colaboradores en el comité de redacción. Es importante señalar que utilizamos diferentes fuentes bibliográficas y entre ellas, de manera especial, el libro del doctor Ken Barker, *Accuracy Defined and Illustrated*, aunque en muchos casos nos tocó cambiar, ampliar y redactar de manera diferente las respuestas, además de agregar otras respuestas y observaciones. Otras fuentes utilizadas aparecen en la bibliografía.

El comité de traducción bíblica, la Sociedad Bíblica Internacional, Vida y el editor de este libro esperan que la información y orientación que contiene ayuden a los lectores de la Biblia a comprender por qué el mejor texto no es el que nos gusta y amamos porque estamos acostumbrados a leerlo y estudiarlo por largos años, sino aquel que, de acuerdo con los más recientes y avanzados descubrimientos y estudios textuales, nos acerca más a los originales bíblicos que se perdieron hace muchos siglos, pero que hoy podemos reconstruir con bastante exactitud, gracias al trabajo honesto y dedicado de expertos en las ciencias bíblicas, que aman la Palabra y quieren que se lea en toda su integridad y con la mayor fidelidad a lo que inicialmente fue inspirado por Dios a los primeros depositarios de la revelación divina.

Luciano Jaramillo Cárdenas
Director de Traducciones y Ministerios Hispanos
para las Américas de la Sociedad Bíblica Internacional

–I–

CRÍTICA TEXTUAL Y TRADUCCIÓN BÍBLICA

Luciano Jaramillo Cárdenas

¿Cómo sabemos que el texto bíblico que hoy leemos es el que originalmente fue dado a cada autor bíblico por inspiración divina? La respuesta no es sencilla.

La respuesta de fe

Una respuesta de fe sería que, como creyentes en la Palabra de Dios, sabemos que es «revelada» e «inspirada».

Revelación es la iniciativa divina por la que el mismo Dios buscó transmitir su mente, corazón y voluntad a la criatura humana a través de un grupo de elegidos intermediarios o primeros trasmisores humanos de la revelación divina.

Inspiración: la revelación divina estuvo acompañada de la asistencia del Espíritu de Dios, que cuidó que la transmisión de la mente divina a cada uno de los autores humanos de la revelación fuera fiel al pensamiento divino. Por eso afirmamos que la Palabra de Dios es inspirada.

Esta es la respuesta de fe a la pregunta inicial acerca de la confiabilidad de la Palabra de Dios. Decir que es una respuesta de fe no significa que carezca de fundamento, porque quienes creemos en la Palabra divina y tratamos de vivirla y aplicarla comprobamos de mil formas no sólo su belleza, profundidad y sabiduría incomparables, que sólo se pueden explicar por su origen divino, sino su valor y poder para convertir, cambiar y orientar la existencia por senderos de virtud, bondad y salvación, asegurándonos una vida temporal más completa y fructífera, y una vida eterna de perenne paz y felicidad en el más allá.

Contamos pues con criterios internos y externos para
comprobar que el contenido del libro que llamamos
Biblia es inspirado y trascribe fiel y confiablemente la
revelación divina. Necesitamos, pues, abordar el
contenido de este libro con un poco de fe y en la
compañía del Espíritu de Dios para aprovecharnos
plenamente de su contenido. Es esta la mejor manera
de leer y estudiar la Biblia.

La respuesta científica

Todo lo dicho anteriormente no significa que no
podamos ni debamos estudiar la Biblia como un
documento humano, de altísimo valor y contenido
histórico, literario, filosófico, teológico, antropológico. No
debemos olvidar que aunque la consideramos Palabra y
Revelación divinas, esta se da en lenguaje humano y
dentro de un marco histórico y cultural humanos. Por
eso es válido buscar una respuesta humana, científica e
histórica a la pregunta inicial de este artículo: ¿Cómo
podemos asegurarnos de que el texto bíblico que hoy
leemos es científicamente confiable como transmisión
fiel del texto originalmente dado por inspiración divina a
los autores sagrados?

Es aquí donde entran a ayudarnos, como estudiosos
conscientes y objetivos del texto sagrado, las diversas
ciencias bíblicas, a saber: la exégesis y la hermenéutica,
la arqueología, la antropología, la semántica, la
semiótica y por supuesto la historia. Colocar el texto
bíblico bajo el lente clarificador e iluminador de cada
una de estas disciplinas, no sólo para desentrañar su
significado, sino para asegurarnos de la pureza de su
texto, es lo que los expertos han llamado el estudio
crítico de las Escrituras. Hay pues, diferentes
acercamientos críticos al estudio de las Escrituras:
Crítica histórica, Crítica literaria, Crítica lingüística,
Crítica de las formas y uno de los más importantes, que
es como la base de los otros: la Critica textual.

¿Qué es la Crítica textual?

La crítica textual es la verificación del sentido y
escritura originales de un texto, tal como debió salir de

la mente y redacción textual de su autor. A la crítica textual corresponde utilizar todos los elementos que las ciencias ya mencionadas le proporcionan para reconstruir el texto bíblico, en su forma más cercana y fiel a los originales.

¿Por qué es importante la crítica textual?

Hay razones históricas y teológicas.

a) Puesto que no poseemos los originales del texto bíblico, que se perdieron hace muchos siglos, debemos descubrirlo a través de posteriores trasmisiones del mismo en una variedad de manuscritos, leccionarios, citas y traducciones que se han ido dando a lo largo de los siglos. Todas estas fuentes textuales tienen sus variantes que deben ser estudiadas escrupulosamente para llegar al texto bíblico más depurado y cercano a lo que fueron los originales. Es este ejercicio científico precisamente lo que llamamos crítica textual.
b) Puesto que la exégesis bíblica se ocupa de extraer el significado y sentido de los textos, se impone distinguir lo que realmente nos trasmitieron los autores originales de la Biblia, de lo que por una u otra razón fue incorporado por copistas o intérpretes que nos trascribieron posteriormente ese texto. De esta manera nuestras afirmaciones e interpretaciones teológicas estarán basadas en el auténtico texto de los autores originales o en la rendición textual más cercana a los mismos.
c) Hay además un interés hermenéutico: hay que volver al texto primitivo, porque sólo este puede informarnos sobre la teología de los escritores bíblicos.

¿Cómo afecta esto a las diversas versiones de la Biblia?

Todo esto nos demuestra la importancia de basar nuestro estudio y exposición de las Escrituras en traducciones de la Biblia que han usado el mejor, más depurado y avanzado texto original de las Escrituras que hoy poseemos. Biblias que se han traducido siguiendo los parámetros de la moderna ciencia de la crítica textual. Las traducciones antiguas de la Biblia, basadas casi todas en lo que se llama el *textus receptus* para el Nuevo Testamento, y en manuscritos más bien tardíos del Antiguo, por bellas y aceptables que nos parezcan y por muy queridas que sean a nuestro corazón por motivos de tradición y sentimiento, acusan ciertos vacíos y problemas que deben resolverse, comparándolas con versiones más recientes, que ya han incorporado todos los avances de la investigación científica del texto, basadas en miles de manuscritos descubiertos en los últimos años. Este trabajo de investigación crítica nos ha dado lo que llamamos el *textus criticus*, que es el que sirve de base a las traducciones más modernas del Nuevo Testamento. El eminente biblista, lingüista y antropólogo, responsable de numerosas traducciones de la Biblia patrocinadas por las Sociedades Bíblicas Unidas, el Dr. Eugenio A. Nida, escribió en su libro *Dios habla a todos*:

No es la Biblia más fiel a los originales la que yo he usado por muchos años y que por lo mismo me es querida y apreciada, sino la que me presenta el texto depurado de la Escritura, obtenido por la investigación y estudio de manuscritos que hoy en día nos remontan diez o quince siglos más cerca a los originales; manuscritos que no tuvieron a su alcance los traductores de la Biblia de los siglos anteriores.

De ahí que un sabio consejo elemental de exégesis bíblica, es no entregar la lectura, estudio y exposición de las Escrituras a una sola versión de las mismas y usar, a la par de nuestras versiones tradicionales, otras versiones más actualizadas.

¿Qué beneficios nos trae entonces la crítica textual?

a) Nos entrega el texto bíblico más depurado y cercano a lo que fueron los «autógrafos» u originales.
b) Prepara al lector y estudioso de las Escrituras para extraer el más fiel y exacto significado o sentido del texto.
c) Brinda al estudiante y expositor de la Biblia los conocimientos fundamentales de la historia del texto bíblico, y el valor de cada uno de los testigos: manuscritos, códices y otros remanentes del mismo.

d) Nos enseña a utilizar técnicamente el aparato crítico de la Biblia, que es la lista de referencias codificadas de las diversas variantes o cambios textuales que se encuentran en la rica variedad de códices y documentos que hoy tenemos del texto bíblico.

e) Nos enseña además a aplicar las reglas fundamentales de un estudio más científico y avanzado de las Escrituras, basado en sanos principios de exégesis y hermenéutica bíblicas.

f) Nos capacita para distinguir el valor y utilidad de las versiones antiguas y modernas de la Biblia, conociendo las variantes de los diferentes manuscritos, versiones y testigos que hoy poseemos del texto original.

El texto hebreo del Antiguo Testamento

La historia del texto del Antiguo Testamento nos remonta a lo que llamamos el período intertestamentario; es decir los tres o cuatro siglos que mediaron entre la redacción del Antiguo y del Nuevo Testamento. En este período la Ley se convirtió en el centro de la vida judía. Emergieron los escribas encargados de copiar y mantener el texto sagrado.

Podemos ver una descripción de sus funciones en el libro deuterocanónico del Eclesiástico 38:24–39:15. Son ellos los responsables de la colección de tradiciones judías llamada la Mishnah, cuya estructura básica fue establecida por el famoso Rabí Akiba (55–137 d.C.). Viene después el período talmúdico (200–500 d.C.) en el que se agregaron a la Mishnah otros materiales para formar el Talmud, del cual tenemos dos versiones: el babilónico y el palestino.

Los escribas tuvieron gran cuidado en este período de conservar el texto hebreo que se había estandarizado cerca del año 100 d.C. Hicieron la división de palabras del texto consonantal que aparecían todas juntas. Dividieron el texto en parágrafos, aunque los manuscritos de Qumrán nos muestran que estas divisiones ya existían en tiempos precristianos. Ellas no se deben confundir con la separación en capítulos, que se dio mucho después en el siglo XIV, siguiendo las divisiones establecidas antes por Stephan Langton

(1150–1228). La división en versículos la hicieron los masoretas en el siglo X.

Estos guardianes del texto bíblico surgen a partir del siglo V hasta el siglo X d.C. y son los responsables del importantísimo *texto masorético*, que aún hoy es fundamental en la traducción del Antiguo Testamento. Los masoretas se dedicaron a conservar reverentemente el texto hebreo consonantal, que llamaban *Ketib*, o «texto escrito». Al margen indicaban cuál era la mejor pronunciación con la palabra *qere*. Lo que equivalía a decir: «Así se escribe», «así se lee». Por ejemplo, el nombre de Dios se trascribía con las consonantes del tetragrámaton: YHWH. Pero, por respeto, se pronunciaba, *Adonay* (Señor). Esta costumbre dio origen al nombre híbrido de Jehová, que es una combinación de las consonantes de Yahweh, con las vocales de *Adonay*.

Manuscritos del texto hebreo de la Biblia

Antes del descubrimiento de los manuscritos del Mar Muerto a partir de 1947, no poseíamos manuscritos del Antiguo Testamento anteriores al siglo IX y X d.C. La colección más completa existente hoy de esos manuscritos es la de la Biblioteca de Leningrado, organizada por el judío ruso Abraham Firkowitsh (1785–1874).

Mencionemos algunos de los más importantes de ellos, que han servido en el pasado para la construcción del texto hebreo:

El códice del Cairo (año 895): contiene los profetas. *El códice de Alepo* (año 930): está actualmente en Jerusalén; contiene todo el Antiguo Testamento. *El códice de Leningrado* (año 1008): fue la base del texto hebreo de la Biblia de Kittel, que ha servido de base de muchas traducciones. *El códice del Pentateuco del Museo Británico* (año 916). *El códice Reuchlin de los Profetas* (año 1105).

Hay muchos otros manuscritos, más que todo fragmentarios. Estos son los más importantes que nos trasmiten el *texto masorético*. Pero, con los descubrimientos de los rollos del Mar Muerto en el desierto de Judea a partir del año 1947, hoy tenemos manuscritos miles de años más antiguos, aunque es sorprendente constatar cómo el texto de Qumrán coincide substancialmente con el *texto masorético*. La historia de los manuscritos de Qumrán merece un capítulo aparte. Digamos sólo que contienen copias de prácticamente todos los libros del Antiguo Testamento y que algunos de sus manuscritos se remontan a los siglos I, II y posiblemente al III a.C.

El texto del Nuevo Testamento

El primer Nuevo Testamento griego impreso fue preparado por sabios españoles en 1514, bajo el patrocinio del Cardenal Cisneros. Su preparación tomó casi diez años y fue publicado junto con el Antiguo Testamento. Tomó el nombre de *Biblia políglota complutense*, por estar en varias lenguas y haber sido publicada en Alcalá (Complutum, en latín). El Antiguo Testamento se imprimió en tres columnas yuxtapuestas con el texto hebreo, la Vulgata latina y la versión griega de los Setenta. El Nuevo Testamento aparecía en griego y latín. Sin embargo esta no fue la primera edición griega del Nuevo Testamento que vio la luz pública. Su publicación sólo se autorizó a partir de 1520.

Mientras tanto el humanista holandés Erasmo de Rotterdam (1469–1536) publicó a marchas forzadas su propia edición del Nuevo Testamento griego en 1516, que fue todo un éxito editorial. Hoy en día le dan poco valor científico a esta obra, porque Erasmo tuvo que basarse en manuscritos minúsculos del siglo XII, de escaso valor; y para los últimos versículos del Apocalipsis, al no encontrar ningún manuscrito griego completo del libro, se vio obligado a retraducirlos de la Vulgata latina. No obstante en su tiempo el texto griego de Erasmo tuvo mucha importancia. Lutero y los traductores de los siglos XVI y XVII, como Reina y Valera (español), Almeida (portugués), y la traducción al inglés de la versión del «King James,» utilizaron el texto de Erasmo.

El editor parisino Robert Etienne (Stephanus, en latín;

1503–1559) usó el texto de Erasmo para su edición griega del Nuevo Testamento al cual introdujo por primera vez el aparato crítico (lista de «variantes»), y la división en versículos, que seguimos utilizando hoy. Fue este texto el que hizo carrera con el nombre de *textus receptus* (o «comúnmente aceptado»), el cual se consideraba intocable hasta el siglo XIX.

J.A. Bengel (1687–1752), aunque dejó casi intacto el *textus receptus*, lo contrastó, señalando otras variantes, que según él debían preferirse al texto griego de Erasmo. Bengel introdujo además reglas de crítica textual que siguen hoy vigentes y dividió las variantes textuales en dos grandes grupos.

J.J. Griesbach (1745–1812) amplió las divisiones de los manuscritos clasificando las recensiones o compilaciones del texto bíblico, como la alejandrina, la occidental y la bizantina. Griesbach fue el primero en atreverse a prescindir en muchos pasajes del *textus receptus*.

El filólogo clásico K. Lachmann (1793–1851) rompió totalmente con el *textus receptus* y preparó una edición griega del Nuevo Testamento fundamentada sólo en la valoración crítica de los distintos manuscritos o testimonios textuales.

El especialista en el texto bíblico, cazador de manuscritos C. von Tischendorf (1815-1874), es una de las figuras más importantes en la investigación del texto del Nuevo Testamento. Descubrió en el monasterio de Santa Catalina, en el monte Sinaí, el *Codex sinaiticus* (Códice Sinaítico), que contiene casi todo el Antiguo Testamento y todo el Nuevo Testamento en griego. Este manuscrito data del siglo IV d.C. y se puede observar en el Museo Británico, en Londres. Este antiguo manuscrito sirvió a Tischendorf para preparar su *crítica mayor*, que nos presenta un texto más antiguo y confiable del Nuevo Testamento.

B.F. Westcott (1825–1901) y F.J. Hort (1828–1892) publicaron una edición reconstruida del texto griego del Nuevo Testamento que alcanzó reconocimiento internacional. A estos expertos debemos la clasificación de los textos neotestamentarios en: *texto occidental* (representado por el códice Bezae); *texto alejandrino* (representado por los códices Efraimita y el Regio); *texto neutral* (representado por los códices Sinaítico y Vaticano); y el *texto sirio* (representado por el códice Alejandrino).

E. Nestle (1851–1913) elaboró el moderno *textus receptus* en su *Novum Testamentum Graece* publicado en 1898, que realmente es más bien ya el *textus criticus*, pues es fruto de un concienzudo y profundo trabajo de investigación y crítica textual. En efecto, Nestle utilizó las tres ediciones científicamente más confiables e importantes del siglo XIX, comparándolas con un gran número de variantes de otros manuscritos neotestamentarios. Este trabajo fue complementado por su hijo E. Nestle (1883–1972) y por K. Aland, quien se unieron posteriormente. La edición del Nuevo Testamento griego, que lleva su nombre (Nestle-Aland), revisado y actualizado con el estudio de los papiros y manuscritos recientemente descubiertos, ha llegado a ser el texto base de numerosas traducciones modernas del Nuevo Testamento.

¿Cuántos manuscritos de la Biblia poseemos hoy y cómo se clasifican?

Dios ha sido bueno con las últimas generaciones de estudiosos y lectores de la Biblia y ha sorprendido a los creyentes y no creyentes de los últimos dos siglos, especialmente a los traductores del texto sagrado, con una multitud de hallazgos de manuscritos de diverso orden tanto del Antiguo como del Nuevo Testamento.

Hoy contamos con más de cinco mil manuscritos y testigos textuales de cada uno de los dos testamentos, descubiertos en poco más de cien años. Como lo hemos dicho, solamente en las cuevas de Qumrán, cerca del Mar Muerto, se han encontrado varios centenares de valiosos rollos de escritos bíblicos y extrabíblicos de incomparable valor. Algunos se remontan a los siglos II y III a.C. Del Nuevo Testamento tenemos hoy en día manuscritos, papiros y otros testigos del texto sagrado, compuestos en los primeros cinco o seis siglos de la era cristiana, incluyendo el famoso *Papiro 52*, que data aproximadamente del año 125 d.C. y contiene Juan 18:31–33 y 37–38. El *Papiro 52* es considerado el manuscrito más antiguo que hoy tenemos del Nuevo Testamento.

Si se compara esta riqueza de fuentes textuales que utilizan hoy las nuevas versiones de la Biblia con los escasos manuscritos tardíos que utilizaron las versiones tradicionales antiguas como Reina Valera, Almeida y otras, vemos que hay una mayor garantía de fidelidad al texto original en estas nuevas versiones. Y como no es justo ni adecuado medir la fidelidad e integridad de una versión contemporánea, como por ejemplo la *Nueva Versión Internacional*, que se ha basado en la mejor compilación o recensión del texto bíblico, fruto del estudio de todos estos miles de manuscritos recientemente descubiertos, con versiones tradicionales de la Biblia hechas dieciséis o diecisiete siglos después de que el texto del Nuevo Testamento fuera compuesto, contando con una fuente o base textual escasa y tardía.

En cuanto a la clasificación de los manuscritos, sólo para el Nuevo Testamento podemos distinguir cuatro familias, según su contenido, su forma de escritura, o el material de escritura, la materia y forma de cada uno de ellos:

a) El texto *«alejandrino»* o *«hesiquiánico»*. En el pasado se conoció como el «texto neutral», término que la mayoría de los críticos rechazan hoy. Este texto está compuesto más que todo por manuscritos y papiros «mayúsculos». Se le ha llamado «neutral» porque no ha sufrido revisiones, y «alejandrino» por ser utilizado por los Padres Alejandrinos como Orígenes, Dionisio y Cirilo de Alejandría.

b) El texto *occidental*. Manuscritos de la zona occidental del Mediterráneo. Lo encontramos en autores latinos y egipcios antiguos. Se nota en este texto una preferencia por la paráfrasis, lo que lo hace menos confiable.

c) El texto *koiné, bizantino* o *texto regio*. De amplia difusión predominó en el siglo IV, conserva sin embargo variantes muy antiguas. Su característica es el

pulimento de ciertas asperezas idiomáticas, la tendencia
a la armonización del contenido y el esfuerzo por lograr
un griego bonito.

d) El *texto de Cesárea*. Muy controvertido; probablemente
utilizado por Orígenes, quien se trasladó de Alejandría
a Cesárea. Tiene mucha importancia para el Evangelio
de Mateo.

Fidelidad e integridad

Con todos estos precedentes, podemos entonces hablar
de fidelidad e integridad en relación con el texto bíblico
en las antiguas y nuevas versiones. Ya hemos visto
cómo la fidelidad no se puede ni se debe medir
comparando una versión con otra, sino con el texto
original (arameo, hebreo y griego) de la Biblia, en sus
mejores rendiciones o recensiones que hoy poseemos.

Muchas de las versiones que tanto estimamos fueron
hechas con dedicación, cuidado y diligencia. Y sus
autores merecen nuestra admiración y gratitud. Ellos
trabajaron con los elementos y textos mejores que
tuvieron a su alcance en su tiempo. Sin embargo, no
contaron con los manuscritos más antiguos y cercanos
a los originales que hoy poseemos. De hecho, con el
descubrimiento en los últimos años de miles de
manuscritos que superan en varios siglos de antigüedad
a los usados por estas versiones, se han comprobado
muchos vacíos, cambios y adiciones al texto bíblico que
deben ser corregidos para preservar la integridad del
texto sagrado.

Es eso lo que pretende explicar este libro, repasando
pasajes y palabras que deben salir del texto bíblico,
porque nunca pertenecieron a los originales, sino que
fueron añadidos por copistas inescrupulosos o
distraídos, en los siglos posteriores. Todo lo que se
busca es recobrar la integridad del texto, buscando ser
lo más fieles posible a su forma original, tal como salió
de la pluma de los autores originales. Proceder de otro
modo, por temor a la reacción emocional de quienes por
uno u otro motivo están apegados a determinada versión
tradicional de la Biblia, sería faltar a la integridad
profesional y cristiana. Como afirma el Dr. Eugenio
Nida: «Nuestra confianza en el texto de las Escrituras no

debe basarse en lo que nos gustaría leer en ellas, sino en lo que realmente existe en los manuscritos antiguos más confiables.»

Si vamos a aplicar la maldición del libro de Apocalipsis de quitar «su parte del árbol de la vida y de la ciudad santa» a quienes quiten «palabras de este libro de profecía», recordemos que el mismo libro del Apocalipsis amenaza con añadir «las plagas descritas en este libro» a quienes «añaden algo» al mismo (Apocalipsis 22:18–19). Por lo que se colige de que es de bendición y de obligación con el texto mismo, retirar lo añadido, para restablecer su integridad original y ser fieles a la auténtica revelación divina.

No debe, pues, extrañarnos que en las Biblias más recientes no aparezcan en el texto algunos versículos o palabras que estamos acostumbrados a leer en nuestras Biblias tradicionales, y en su lugar aparezca una nota como esta: «Este versículo no aparece en ningún manuscrito anterior al siglo VII, etc.» En lugar de reaccionar negativamente, piense que los que hicieron esa traducción no están de ninguna forma atentando contra la integridad del texto, sino todo lo contrario: restableciendo en su integridad original el texto bíblico. Ahora puede usted leer una Biblia mucho más fiel a lo que originalmente Dios reveló a los autores sagrados.

–II–

MUCHAS VERSIONES DISTINTAS, UNA SOLA PALABRA VERDADERA

Alfredo Tépox Varela

Muchos años han transcurrido desde que esos titanes de la Palabra que fueron Casiodoro de Reina y Cipriano de Valera enriquecieron nuestra lengua castellana, el primero, con su bella versión de la Biblia, y el segundo, con su prolija revisión de la obra de aquél. Muchos de nosotros recordamos todavía y citamos de memoria nuestros textos favoritos según la revisión de 1909 que, aunque distante ya de los giros típicos del Siglo de Oro de las letras españolas, cuenta todavía con la sonoridad que Reina y Valera supieron imprimirle.

Durante más de cuatro siglos la versión de Reina y Valera ha sido, literalmente, la reina de las hasta hace poco escasas versiones españolas de la Biblia. Tal reinado, sin embargo, ha sido circunstancial. Recordemos que la lectura de la Biblia se ha efectuado desde las «catacumbas» del protestantismo, y que sólo después del Vaticano II se ha generalizado entre la grey católica, donde ha habido un verdadero «boom» de traducciones bíblicas: Nacar-Colunga (N-C), Bover-Cantera (B-C), Biblia de Jerusalén (BJ), Ediciones Paulinas (EP), Biblia Latinoamericana (BLA), Nueva Biblia Española (NBE), Biblia del Peregrino (BP), etc. Del lado protestante, hay que mencionar algunas versiones del Nuevo Testamento, como la Versión hispanoamericana (VHA) y la Biblia de las Américas (BA), revisiones de Reina Valera Actualizada (RVA), y dos traducciones de toda la Biblia: la versión Dios Habla Hoy (DHH) y la *Nueva Versión Internacional* (*NVI*).

Ante esta miríada de versiones de la Biblia, no faltará quien se pregunte: «Si es verdad que la Biblia es la Palabra de Dios, ¿cuál de todas estas versiones es esa

Palabra?» La respuesta puede parecer desconcertante: todas ellas en conjunto, y ninguna de ellas en particular. «Pero ¿cómo puede ser eso posible?», objetará alguien más. Y la respuesta es que debemos entender que cuando confesamos que la Biblia es la Palabra de Dios, no estamos limitando el sentido de «palabra» a la simple unidad fónica o léxica, hablada o escrita. De ninguna manera. La «palabra», en relación con Dios, aunque humana, es también divina; y aunque divina, es también humana. Y la Biblia, como Palabra de Dios, es algo más, mucho más, que una etiqueta pegada a un objeto.

Tal vez dos metáforas bíblicas puedan ayudarnos a entender este aparente problema: la confusión lingüística que tuvo lugar en Babel, y la perfecta comunicación que tuvo lugar aquel glorioso día de Pentecostés. En el primer caso, la soberbia del hombre por «hacerse un nombre» fue la causa de que una sola lengua llegara a ser fuente de confusión; en el segundo, el deseo ferviente de los discípulos por «proclamar ... las maravillas de Dios» hizo el milagro de que muchas voces en muchos oídos comunicaran un solo mensaje: ¡He aquí una más de las muchas maravillas de Dios!

Dice el autor de la Carta a los Hebreos en el principio mismo de su discurso (1:1):

Dios, que muchas veces y de varias maneras habló a nuestros antepasados en otras épocas por medio de los profetas, en estos días finales nos ha hablado por medio de su Hijo.

Como podemos ver, Dios, entre los múltiples modos en que se ha comunicado con el hombre, parece haber mostrado siempre una clara preferencia por el lenguaje. Pero el lenguaje es rico en significado, y aunque se vale de las palabras, éstas no agotan tal carga de significado en su sentido primario y referencial. Con esto quiero decir que aunque «árbol», por ejemplo, ciertamente significa una «planta perenne, de tronco leñoso y elevado, que se ramifica a cierta altura del suelo», (si hemos de atender a la definición que de tal vocablo nos da el diccionario de la Real Academia de la Lengua), cuando asociamos este vocablo a otros, tal asociación

activa un mecanismo que produce nuevos significados.
Si así no fuera, todas y cada una de las palabras en
todas las lenguas de este mundo tendrían un solo
significado, y todos los libros que se han pronunciado
dirían una y la misma cosa. Sin embargo, las bibliotecas
existentes, y los salones de clase, y los sermones
dominicales, y las charlas de café, y hasta los chistes
(¡sobre todo, los chistes!) nos muestran que una sola
palabra tiene dos, tres y hasta más significados.
Además, la historia del lenguaje nos demuestra que las
lenguas cambian con el tiempo, de modo que si en los
días de Cervantes «de espacio» significaba «a cierta
distancia», ahora «despacio» puede significar «quedo» o
«lentamente», sin que podamos explicarnos, al menos no
con facilidad, tal distancia de sentido.

Este cambio constante del lenguaje nos lleva a prestar
atención a estas aparentes sutilezas. Las cuales cobran
gran importancia cuando se trata de entender hoy el
mensaje de siempre. El texto de la Carta a los Hebreos
citado antes nos dice que a través de la historia Dios ha
estado procurando establecer comunicación con el
hombre «muchas veces y de varias maneras». ¿Por qué
«muchas veces»? Porque ha estado hablándoles a
generaciones distintas y distantes. ¿Por qué «de varias
maneras»? Porque cada grupo humano, y cada hombre
—y, en efecto, quiere hacerlo y lo hace— tiene que echar
mano de todos sus recursos comunicativos.
Lastimosamente, del hombre no se puede decir lo
mismo, ni en su comunicación con Dios ni en su
comunicación con sus semejantes.

Con esta breve visión de los cambios lingüísticos a
través del tiempo y del espacio tal vez podemos ver ya
la necesidad de las varias traducciones de la Biblia. Por
ejemplo, cuando el lector del siglo XVI leía: «¿Son estos
todos los mozos?» (1 Samuel 16:11), seguramente
entendía que la pregunta de Samuel a Isaí tenía que
ver con los hijos de este último; hoy día, sin embargo,
no pocos lectores se preguntarían por qué Samuel le
preguntaba a Isaí acerca de sus «criados» o «meseros».
Malos entendidos como este hacen necesario contar
con nuevas versiones de la Biblia, como la versión
Dios habla hoy, que en este caso traduce: «¿No tienes
más hijos?».

Hay casos, como el de Génesis 1:14, en que los términos
no son tanto equívocos cuanto arcaicos:

Haya lumbreras en la expansión de los cielos
(RVR 1960).

Que haya luces en la bóveda celeste (DHH).

Que haya luces en el firmamento (*NVI*).

En algunos otros, los términos en el texto original son
ricos en sentido, y difícilmente una sola palabra bastaría
para reflejar toda su riqueza de significado. Sin
embargo, y a pesar de las limitaciones lingüísticas que
alguna lengua particular pudiera tener, siempre podrán
hallarse términos más aptos que otros para que la
nueva traducción exprese con mayor fuerza el sentido
del original. Veamos, por ejemplo, el Salmo 136:

Alabad a Jehová, porque él es bueno, porque para
siempre es su misericordia (RVR 1960).

Den gracias al Señor, *porque él es bueno,*
porque su amor es eterno (DHH).

Den gracias al Señor, *porque él es bueno;*
su gran amor perdura para siempre (*NVI*).

Hay otros casos en que la fuerza del original demanda
un cambio en la retórica de la palabra, frase o discurso
que se traduce. Ejemplo de ello es el capítulo 1 de
Isaías, de donde tomamos sólo el versículo 12:

¿Quién os demanda esto de vuestras manos, cuando
venís a presentarnos delante de mí para hollar mis
atrios? (RVR 1960).

Ustedes vienen a presentarse ante mí,
Pero ¿quién les pidió que pisotearan mis atrios? (DHH).

¿Por qué vienen a presentarse ante mí?
¿Quién les mandó traer animales para que pisotearan
mis atrios? (*NVI*).

Este ejemplo de Isaías nos muestra una más de las razones para contar con nuevas versiones de la Biblia: en algunos casos se hace necesario explicitar información latente o implícita en el texto original. Quien lea RVR 1960 o DHH entenderá que el reproche del Señor en cuanto a «hollar» o «pisotear» sus atrios va dirigido a personas, pero la *NVI* deja en claro que, aunque el reproche va dirigido a personas, quienes huellan o pisotean los atrios del Señor son los animales que esas personas llevan allí.

La Biblia es también poesía. Aproximadamente una tercera parte del Antiguo Testamento ha sido escrita en forma poética. Si deseamos acercarnos más al sentido poético del texto bíblico, resulta indispensable contar con una o varias versiones que intenten reflejar tal carácter. He aquí una pequeña muestra del Cantar de los Cantares (6:10), donde dos versiones han trascendido a la letra para intentar penetrar en el espíritu poético de esa letra:

¿Quién es esta que se muestra como el alba,
hermosa como la luna,
esclarecida como el sol,
imponente como ejércitos en orden? (RVR 1960).

¿Quién es ésta que se asoma
como el sol en la mañana?
Es hermosa como la luna,
Radiante como el sol,
¡irresistible como un ejército en
marcha! (DHH).

¿Quién es ésta, admirable como la aurora?
¡Es bella como la luna,
radiante como el sol
majestuosa como las estrellas del cielo! (*NVI*).

Podríamos abundar en ejemplos como estos, pero ojalá el lector haya notado ya, en las aparentes diferencias entre las tres versiones citadas, el sentido profundo del texto bíblico. Todas ellas, en su conjunto, nos dan una percepción más amplia del sentido del texto, pero ninguna de ellas, en particular, lo agota. Hoy día,

cuando contamos con tantas versiones nuevas del
Mensaje eterno, ¿por qué no profundizar nuestra lectura
de éste, comparando nuestra versión favorita con esas
nuevas versiones? Si lo hacemos así, estaremos
poniendo fin a la lectura literal, que tanto daño nos ha
hecho, y estaremos penetrando en los tesoros de la
sabiduría inefable de Dios.

–III–

LA BIBLIA HEBREA, SU TRADUCCIÓN E INTERPRETACIÓN EN LA *NVI*

Esteban Voth

Quien alguna vez ha intentado traducir un texto, un discurso o un sermón ha descubierto que la acción de traducir nunca puede llevarse a cabo de manera mecánica, aplicando una fórmula en toda situación. Quien traduce siempre enfrenta una serie de interrogantes que exigen respuesta, tales como los siguientes: ¿Qué dijo? ¿Cómo lo dijo? ¿Qué quiso decir? ¿Cómo quiso que lo entendieran? Estas preguntas, junto con muchas otras, sugieren que traducir es en verdad más un arte que una ciencia.

El desafío de traducir

El proceso de tratar de expresar el sentido de un texto o de un discurso en otro idioma diferente al original se complica aún más cuando se trata de textos literarios sofisticados que están llenos de metáforas, juegos de palabras, frases idiomáticas, líneas poéticas, etc. Naturalmente, hay que tomar en cuenta el género literario de cualquier texto: poesía, narrativa, informe, cuento, historia, etc., y algunos géneros representan un desafío mayor que otros. Por ejemplo, una frase simple y directa escrita en un diario matutino normalmente será más fácil de traducir que una frase filosófica de Jorge Luis Borges.

Ahora bien, este intento de transmitir en una lengua el sentido de un texto escrito originalmente en otra es aún más difícil si el texto original es muy antiguo. Muchas veces los textos antiguos están escritos en una lengua que se define como «lengua muerta» porque ya no existen personas vivas que hablen, canten y expresen sus sentimientos en ese idioma. Esto significa que no podemos escuchar sus modos de expresión ni sus tonos de voz. Tampoco podemos observar expresiones faciales, ni ver lo que transmiten los ojos, ni interpretar lo que se conoce como «lenguaje del cuerpo». Por lo tanto, el traductor se enfrenta con el gran desafío de hacer vivir una lengua que en muchos sentidos está muerta. Desde ese punto de vista, se requiere un milagro de resurrección para que el texto escrito en una lengua que ya no se habla, se entienda en una lengua moderna, una lengua que vive y se transforma casi día a día.

Finalmente, cuando se trata de un texto muy antiguo, como lo es el texto original del Antiguo Testamento, también entran en juego cuestiones de trasfondo cultural, contextos históricos difíciles de reconstruir, maneras de entender la realidad, usos gramaticales que parecen extraños, valores distintos y espiritualidades diferentes. Todo esto sugiere que traducir no es simplemente cuestión de buscar palabras equivalentes en otro idioma, sino es meterse en el mundo del texto.

La base textual

Otra pregunta que surge al comenzar el trabajo de traducir el Antiguo Testamento es: ¿Qué manuscrito servirá de base para la traducción? En el mundo antiguo, los textos literarios (incluyendo los textos inspirados por Dios) se transmitían primero de manera verbal y luego de un tiempo se diseminaban por escrito. El texto original del Antiguo Testamento se escribió mayormente en hebreo, con un pequeño porcentaje en arameo. Como en aquel tiempo no había imprentas, los textos eran copiados a mano por escribas que se especializaban en este proceso, se produjeron diferentes copias en diversos lugares geográficos.

Los traductores de la *NVI* tomamos la decisión de trabajar con los mejores manuscritos hebreos, arameos y griegos que estaban a nuestra disposición. Hoy, gracias al trabajo de personas especializadas en la disciplina de la crítica textual que se abocan a la búsqueda del texto más original, se considera que para el Antiguo Testamento el texto base más apropiado es la *Biblia Hebraica Stuttgartensia*, que es el resultado de un trabajo muy cuidadoso que toma como punto de partida un manuscrito llamado «Códice Leningrado», que pertenece a la traducción de Ben Asher. Se trata de un manuscrito medieval copiado alrededor del año 1008 d.C. Según una declaración escrita al final del manuscrito (un colofón), un hombre llamado Samuel ben Jacob lo copió y le colocó los puntos vocálicos y los acentos. Se considera que este manuscrito es el más antiguo que conocemos de la Biblia hebrea completa. En términos generales, a este texto nos referimos como el *texto masorético*, que sirvió de base para el trabajo de los traductores del Antiguo Testamento de la *NVI*.

Esta decisión fue suplementada por otra: que también se utilizarían otros manuscritos que están a nuestro alcance, tales como el Pentateuco Samaritano, la Septuaginta, la versión Siríaca, la Tárgumes (traducción aramea) y otros manuscritos hebreos, incluyendo los famosos rollos del Mar Muerto. La necesidad de recurrir a estos otros manuscritos del Antiguo Testamento radica en el hecho de que muchas veces el *texto masorético* no es claro para nosotros, o simplemente exhibe errores cometidos por los antiguos copistas. En estos casos, las diversas traducciones antiguas nos ayudan a reconstruir el texto más «original» posible. El criterio utilizado fue que en los casos en que el *texto masorético* presentara problemas, se consultarían las traducciones antiguas. En el caso de optar por la lectura de algunas de estas traducciones, se le avisaría al lector, mediante una nota al pie de la página, que la traducción presentada en la *NVI* se basa en otro manuscrito que no es el *texto masorético*. A la vez, normalmente se intentaría incluir en la nota una posible traducción de lo que dice el *texto masorético*. A continuación presentaremos algunos ejemplos que ayudarán al lector a entender el proceso que hemos seguido. Estos ejemplos no sólo ilustran el uso de diferentes manuscritos sino que a la vez demuestran claramente que en toda traducción existe una buena dosis de interpretación. El proceso hermenéutico (el arte y la ciencia de interpretar) está presente en todos los niveles y en todo momento en el trabajo de traducción no sólo de la Biblia sino de cualquier pieza de literatura.

Algunos ejemplos

En primer lugar presentaremos algunos casos en los cuales se decidió que la lectura de la Septuaginta era preferible a la del *texto masorético*, el texto base. El Salmo 118:13 en la RVR, siguiendo la lectura del texto hebreo, es traducido:

«*Me empujaste con violencia para que cayese,
Pero me ayudó Jehová.*»

El contexto total del Salmo sugiere que en realidad fueron los enemigos quienes empujaron al poeta. Por esa razón la *NVI* opta por la lectura de la Septuaginta, apoyada por la Vulgata y la Siríaca, y traduce:

«*Me empujaron con violencia para que cayera,
pero el* Señor *me ayudó.*»

Algo similar podemos observar en la traducción del Salmo 18:42. Aquí también la RVR sigue al texto base hebreo y traduce:

«*Y los molí como polvo delante del viento;
Los eché fuera como lodo de las calles.*»

Así traducida, esta última frase no tiene mucho sentido. En cambio la *NVI*, siguiendo a la Septuaginta, apoyada por la Siríaca, el Tárgum y otros manuscritos hebreos, traduce:

«*¡Los pisoteé fuera...*»

Esto no sólo tiene mucho más sentido, sino que ilustra una práctica muy común en la poesía hebrea, denominada «paralelismo», un recurso literario mediante el cual el poeta hebreo subraya una palabra o idea repitiéndola con un sinónimo. Es por esto que la *NVI* reza:

«*Los desmenucé. Parecían polvo disperso por el viento.
¡Los pisoteé como al lodo de las calles!*»

Reconocer esta forma de la poesía hebrea es muy

importante. Y así, la traducción castellana recupera el sentido original con más exactitud.

Otro caso muy interesante lo encontramos en 2 Samuel 13:34. La *NVI* optó por incluir toda una oración que aparece en la Septuaginta pero que no está en el *texto masorético* y, consecuentemente, tampoco en la RVR. La oración en cuestión es: «Entonces fue a decirle al rey: "Veo venir gente por el camino de Joronayin, por la ladera del monte."» Los traductores de la *NVI* consideramos que el copista del texto hebreo se salteó esta oración por la simple razón de que su vista se salteó del primer uso de la frase «la ladera del monte» a la repetición de la misma frase en el mismo versículo. Por tanto, inferimos que el texto preservado en la Septuaginta es el más completo y corresponde al original.

Traducción e interpretación

Por razones de espacio no podemos ofrecer más ejemplos de este tipo de decisión textual y hermenéutica. A continuación damos algunos ejemplos que ilustran el dinámico proceso interpretativo de una traducción. Como ya hemos dicho, toda traducción es en definitiva interpretación. Y ésta debe tomar muy en serio los distintos contextos literarios en los cuales funcionan las palabras individuales. La palabra «como», dependiendo de su uso en determinada oración, puede significar el acto de comer, o puede señalar una comparación; o también puede ser utilizada con una tilde para hacer una pregunta (¿cómo?) o para expresar sorpresa (¡cómo!). Así mismo, es necesario traducir palabras del hebreo reconociendo el contexto y los diferentes significados que puede tener la misma palabra hebrea. Es así que en muchas ocasiones la traducción literal no es la más adecuada para transmitir el sentido de una frase. Veamos algunos ejemplos.

La traducción tradicional de la última frase de Génesis 2:24 dice: «y serán una sola carne.» Los traductores de la *NVI* creemos que una frase como «se funden en un solo ser» expresa más claramente la idea del texto hebreo original. Un ejemplo un poco diferente que demuestra el acto interpretativo de la traducción lo encontramos en Génesis 31:41. Allí leemos que Jacob acusa a Labán de haberle cambiado el salario «diez veces», pero la *NVI* traduce esta frase por «muchas veces», ya que el sentido del número aquí no es literal, sino que se trata de un modismo hebreo para decir que esto ha ocurrido muchas veces. Algo parecido sucede también con Génesis 48:22, donde el hebreo literalmente dice: «luchando con mi espada y con mi arco». La *NVI* capta el sentido original con la muy castiza frase: «luchando a brazo partido».

Un caso donde el acto interpretativo es aún más radical lo podemos ver en el Salmo 16:3. La RVR interpreta y traduce este versículo de la siguiente manera:

«*Para los santos que están en la tierra,*
Y para los íntegros, es toda mi complacencia.»

Sin embargo, la *NVI* encuentra otra alternativa tan válida como aquélla, que dice:

«*Poderosos son los sacerdotes paganos del país,*
según todos sus seguidores.»

Finalmente, queremos llamar la atención a la traducción de Génesis 1. Reconociendo que se trata de un texto litúrgico y poético en el que se proclama la majestad de un Dios creador todopoderoso, la *NVI* ofrece una traducción poética del primer capítulo de la revelación bíblica. Esta traducción no solamente capta el hermoso sentido del texto, sino que además suscita una actitud de reverencia y asombro. Es una traducción que alcanza el nivel literario especial de un acto interpretativo intencional con el que se busca llegar al corazón del lector. La *NVI* nos ofrece un texto fundamentado en la mejor y más rica base textual.

Así mismo, emplea una teoría de traducción sofisticada que busca transmitir el mensaje de poder de la Palabra de Dios a través de un estilo elegante, en un castellano contemporáneo y dinámico. En definitiva, esta traducción es una ofrenda a Dios y al pueblo de Dios y en especial al de América Latina.

–IV–

¿POR QUÉ NO APARECE «JEHOVÁ» NI «YAHVÉ» EN LA *NVI*?

Edesio Sánchez Cetina

La *Nueva Versión Internacional,* al igual que otras versiones contemporáneas de la Biblia, pone la palabra «SEÑOR» en lugar de las correspondientes cuatro consonantes del texto consonantal hebreo, conocidas como el tetragrámaton: hwhy, «YHVH».

A primera vista, para quien conoce el sentido de la raíz hebrea que forman esas consonantes, YHVH no tiene nada que ver con SEÑOR. El significado de YHVH está relacionado con el verbo hebreo que se traduce al castellano como «ser», mientras que «SEÑOR» es la traducción de la palabra hebrea *Adonay.*

Aunque se ha debatido mucho el origen y significado exacto de YHVH, el consenso general de los especialistas es que YHVH significa simplemente «Él es». Esto se deduce como consecuencia lógica de la forma verbal en primera persona que aparece en Éxodo 3:14: *vehyeh,* «Yo soy». Si Dios dice de sí mismo «Yo soy», el pueblo dice de Dios «Él es». La forma verbal detrás de esta traducción es un imperfecto del tema verbal conocido en la gramática hebrea como *qal* (la forma simple del verbo hebreo). Su pronunciación parece ser la de *yahvé* o *yavé.* Así lo comprueban algunos textos griegos de la época patrística.

Este nombre dejó de pronunciarse desde la época del Antiguo Testamento, concretamente, durante el exilio. Cuando se tradujo la Biblia hebrea o Antiguo Testamento al griego, los traductores usaron en forma sistemática la palabra *Kyrios* («Señor») en lugar de YHVH. Así se respetó la tradición y la práctica impuesta por los judíos de evitar pronunciar el nombre sacrosanto de Dios. En las sinagogas, donde el texto hebreo siguió en uso, cada vez que aparecía en la lectura la palabra YHVH, el lector automáticamente pronunciaba la palabra hebrea *Adonay* («Señor»). Los autores del Nuevo Testamento utilizaron la palabra *Kyrios* para representar YHVH. De manera que en las citas que tenemos del Antiguo Testamento en el Nuevo Testamento, se utiliza la palabra *Kyrios* (Señor), en lugar de YHVH.

Muchos siglos después, ya en plena era cristiana, los eruditos judíos, conocidos como masoretas, inventaron una puntuación vocálica y la unieron al texto consonantal sin violentar su integridad. Eso se hizo para evitar la pérdida de la pronunciación correcta y del sentido o significado correcto de las palabras hebreas. Así, cada palabra hebrea de lo que hoy se conoce como *texto masorético*, tiene el texto consonantal acompañado de su respectiva puntuación vocálica. Sin embargo, eso no sucedió con el nombre de Dios, YHVH. Los masoretas no colocaron las vocales correspondientes, sino que acompañaron el texto consonantal YHVH con los puntos vocálicos de *Adonay* (Señor). La intención era comunicarle al lector que aunque estuvieran presentes las consonantes del nombre sacrosanto de Dios, este no debía pronunciarse, sino que en su lugar se pronunciaría el equivalente hebreo de «Señor», es decir, *Adonay*. Esta práctica, que también se sigue en algunas otras palabras del texto bíblico, se conoce con la expresión *qereb* y *qetib* («así se lee» y «así se escribe»).

A principios del siglo XII d.C., surgió el anhelo de proveer a la cristiandad de nuevas traducciones bíblicas hechas directamente de los idiomas originales y no del latín de la Vulgata, traducción hecha por S. Jerónimo en el siglo IV d.C. Y así fue como se inició la escritura y lectura de la palabra «Jehová». Esta palabra es una forma híbrida; está formada por las consonantes de *Yahveh* y las vocales de *Adonay*. La palabra Jehová no existe, pues, en sí en el texto original hebreo de la Biblia. Es una invención del siglo XII d.C. que resultó de la combinación de las consonantes del término *Yahve*, con las vocales de la palabra *Adonay*. Cuando se tradujeron Biblias como la Reina Valera (siglo XVI d.C.), se siguió esa práctica. Por eso es que hasta el día de hoy todas las revisiones y versiones basadas en la Reina Valera usan Jehová para referirse al nombre de Dios.

Si se quisiera traducir literalmente el nombre original de Dios, se deberían usar las formas *Yahvé* o *Yavé*. Así hacen varias versiones contemporáneas, como la *Nueva Biblia de Jerusalén* y la *Biblia Latinoamericana*. Sin embargo, la mayoría de las versiones tanto católicas como protestantes prefieren usar el título «Señor». De esta manera, se respeta la tradición establecida en los textos hebreos transmitidos por los judíos, desde la antigüedad hasta nuestros días, y se evita usar de manera indiscriminada el nombre sacrosanto de Dios. Además, el título «Señor» ha probado ser la mejor opción para el uso y aceptación de una traducción bíblica en el ámbito universal. El uso de la palabra «Jehová» no solo hace caso omiso de la realidad lingüística del nombre divino, sino que crea muchas resistencias entre círculos tanto judíos como de otros cristianos y creyentes ilustrados, que no ven la razón para que se siga utilizando un término que nunca estuvo en los originales de la Biblia.

Por el contrario la palabra Señor, como traducción del griego *Kyrios*, que es a su vez traducción del nombre hebreo *Adonay*, sí es un término bíblico con el que se identificaba a Dios. Y ya lo hemos dicho, era el término que los judíos pronunciaban siempre que aparecía el tetragrámaton inefable del nombre de Dios: YHVH, el cual no les era permitido pronunciar.

PREGUNTAS ACERCA DEL ANTIGUO TESTAMENTO

En algunas de las respuestas tanto del Antiguo como del Nuevo Testamento, seguimos de cerca el libro *Accuracy* del doctor Ken Baker, publicado por la Sociedad Bíblica Internacional. Otras respuestas fueron redactadas por el editor de este libro con la colaboración del comité de redacción.

GÉNESIS 4:1
¿Por qué dice la *NVI* «¡Con la ayuda del Señor, he tenido un hijo varón!» en lugar de «Por voluntad de Jehová he / adquirido varón.»?

Hay dos problemas aquí. El primero es cómo se usa la preposición hebrea *'et* («con»). Varios diccionarios, gramáticas y léxicos de la lengua hebrea, incluso el famoso *A Hebrew and English Lexicon of the Old Testament* [Un léxico del Antiguo Testamento en inglés y hebreo], de G. Johannes Botterweck y Helmer Ringgren, registran este caso de la palabra bajo la categoría semántica «con el propósito de ayudar», de aquí la expresión «con la ayuda de». Este concepto está apoyado por la Biblia griega LXX (Septuaginta), *dia tou theou* («a través de Dios»).

El segundo problema es cómo se usa el verbo hebreo *q'ti* (que viene de *q'cha*, «tenido» en la *NVI*). El *Lexicon in Veteris Testament Libros* [Lexicón de libros del Antiguo Testamento] registra correctamente este caso bajo el homónimo *Il qnh*, «crear, producir» y no «adquirir» u «obtener». (Véase también Gn 14:19, 22.)

GÉNESIS 37:35
¿Por qué la palabra hebrea *sheol* es traducida como «sepulcro» aquí y en muchos otros lugares del Antiguo Testamento?

El comité de traducción bíblica está convencido de que
en la mayoría de los casos *sheol* significa «sepulcro». En
lugares dudosos usamos «muerte», «profundidades» o
algo similar. Ordinariamente colocamos *sheol* en las
notas al pie de página. Una entre varias razones por las
que llegamos a esta conclusión es el hecho de que *sheol*
se usa frecuentemente como sinónimo del hebreo *qeber*
(«tumba, sepulcro»).

LEVÍTICO 13:2
**¿Por qué la palabra «lepra» del hebreo fue traducida
como una «enfermedad infecciosa (de la piel)»?**

La respuesta está en la anotación breve de la *NVI*:
*«Infección. Tradicionalmente lepra. La palabra en hebreo
se usaba para indicar varias enfermedades de la piel, no
necesariamente la lepra.»*

Los síntomas descritos, y el hecho de que pueden
cambiar rápidamente (vv. 6, 26–27, 32–37), muestran
que la enfermedad no era realmente lepra (enfermedad
de Hansen). Estos se aplican también a otras
enfermedades, además de otras erupciones de la piel
más bien inofensivas. La palabra hebrea traducida como
«enfermedades infecciosas de la piel» también puede
significar «moho» (v.47, 14:34 y especialmente 14:57).

1 SAMUEL 15:32
**¿Por qué fue traducido del hebreo «muy confiado»,
en lugar de «alegremente» como en la versión Reina
Valera del 1960?**

La palabra hebrea *m'dnt* expresa «la manera en que vino
Agag». Puede haber sido de manera confiada, desafiante,
rebajada o cobarde. Es imposible determinar a cuál se
refiere. Por esa razón, preferimos la traducción «muy
confiado» que va más de acuerdo con el contexto («Agag
se acercó a él muy confiado, pues pensaba...»).

2 SAMUEL 21:19
**¿No hay conflicto entre este versículo y 1 Samuel
17:50–51?**

Así aparece este pasaje en el texto hebreo. Sin embargo,
un cuidadoso estudio del original sugiere que el texto

tanto aquí como en 1 Crónicas 20:5 originalmente era
«Eljanán hijo de Yaír mató a Lajmi, hermano de Goliat» o
«Elhanan hijo de Yaír de Belén, mató al hermano de
Goliat». Ambos pasajes indican «que David mató a
Goliat, y Elhanán mató al hermano de Goliat».

JOB 1:21
**¿Por qué se traduce «desnudo he de partir» en lugar
de «desnudo volveré allá» como aparece en la RVR?**

El texto hebreo no está claro. A lo que «allá» se refiere es
ciertamente debatible. Algunos han interpretado «allá»
como refiriéndose al «vientre de la madre». La sugerencia
de que «más allá» o «allá» se refiere a la Madre Tierra
como el origen y meta final del hombre, no tiene base en
las Escrituras. El pensamiento es tan general como
Eclesiastés 5:15 ó 1 Timoteo 6:7.

La alternativa «volveré allá» también se ofrece en la
anotación al pie de página. Los miembros del comité de
traducción bíblica estiman que las anotaciones son una
parte importante del texto de la *NVI*.

JOB 9:30
**¿Por qué se traduce «jabón» del hebreo en lugar de
«aguas de nieve» como aparece en la RVR?**

La mayoría de los comentaristas y traductores hoy en
día traducen *eleg* como «jabonera» más bien que «nieve».
Pope identifica la jabonera como jabón manufacturado
de la raíz de la planta *leontopetalón*. Las palabras
correspondientes en el Mishna (*e_l'g*) y en el Gemara
(*_alg'*) apoyan la traducción como jabón, así como el
akadiense *a_l'ku*. (El Mishna es una colección de
enseñanzas rabínicas que luego formaron el Talmud, el
libro judío por excelencia.)

JOB 26:12
**¿Por qué se tradujo del hebreo como «Rahab» en vez
de traducirlo como «la arrogancia» conforme aparece
en la RVR?**

La palabra hebrea puede traducirse como un nombre
común, «la arrogancia» (RVR) o como el nombre propio

«Rahab» (*NVI*). Rahab es el nombre de un monstruo cananita y algunas veces simboliza a Egipto. Por supuesto, el uso que Job le da a ese vocablo mitológico de ninguna manera sugiere que él creía en la verdadera existencia de tal criatura. El vocablo más bien afirma, en forma polémica, la supremacía de Dios como único Dios —el Todopoderoso— que puede conquistar a todos los dioses paganos que alegan serlo, y a criaturas como Rahab.

SALMO 8:5
¿Por qué se traduce «dios» en vez de «ángeles»?

La palabra *Elohim*, en hebreo, literalmente es «dios». Por eso la mayoría de los eruditos hebreos creen que a *Elohim* aquí se le debe dar su traducción normal: «dios». (Véase la nota en la Biblia *NVI*.) Lo que realmente está diciéndonos este versículo es que el hombre ha sido elevado a una categoría cercana a la de Dios, en el orden creado. Génesis 1:26 dice en efecto que Dios hizo al «ser humano a su imagen y semejanza». *Elohim* en hebreo puede significar además dioses o seres sobrenaturales. La versión griega de la Biblia, la Septuaginta, traduce *Elohim* como «ángeles», de donde posiblemente tomó la misma expresión el autor de Hebreos 2:7. (Véase Salmo 8:5–8 con Génesis 1:26–28.)

SALMO 19:7
¿Por qué se traduce el vocablo hebreo «infunde nuevo aliento» en vez de «convierte al alma» (RVR)?

El énfasis en este contexto está en el efecto de la Ley de Dios en la vida de un creyente como David (vea los vv. 7–14). Por lo tanto, el verbo hebreo debe ser «alienta» o «infunde nuevas fuerzas» (tal como en el Salmo 23:3).

SALMO 51:5
¿Por qué la doctrina de la herencia del pecado original ha influido en la traducción de este versículo?

No estamos intentando representar algún punto de vista teológico en particular; más bien estamos tratando de expresar el significado del versículo en lenguaje español

contemporáneo. Aunque la presentación del versículo
puede prestarse para dos o tres posibles
interpretaciones, básicamente enseña la misma verdad
que enseñan Génesis 8:21; Salmo 58:3 y Efesios 2:3.

SALMO 100:3
**¿Por qué la *NVI* traduce el hebreo «y somos suyos» en
lugar de la expresión conocida «y no a nosotros
mismos»?**

El problema aquí tiene que ver con la lectura correcta
del texto hebreo. El comité de traducción bíblica
favoreció la expresión «y somos suyos», lo cual parece
ser más apropiado de acuerdo con lo que sigue en el
versículo. Sin embargo, ofrecemos la traducción
alternativa de «y no a nosotros mismos» en la nota al pie
de página.

PROVERBIOS 23:7
**¿Qué es lo correcto para cubrir la primera parte de
este versículo, la traducción del texto principal de la
NVI, o la alternativa en la nota del pie de página?**

La expresión en hebreo en este caso permite varias
traducciones e interpretaciones. Lo más justo y
conveniente es ofrecer al lector diferentes posibilidades.
La que aparece en el texto es la que eligió la más
antigua traducción de la Biblia (la Septuaginta). Otros
prefieren la que aparece en la nota al pie de página:
«pues como él piensa, en su interior, así es él». Ambas se
apoyan en fuentes documentales de mucha importancia.

ECLESIASTÉS 1:2
**¿Por qué la *NVI* traduce el vocablo hebreo *hebel*
como «absurdo»?**

En general, cuando una palabra hebrea forma la parte
central del tema de un libro, como es el caso de *hebel*,
es preferible asignarle la misma interpretación esencial
siempre que sea posible. La nota en la Biblia de estudio,
que pronto aparecerá, explica así el significado de este
término:

El vocablo clave «absurdo» ocurre alrededor de 35 veces

en el libro del Eclesiastés. Originalmente significaba «aliento» (véase Salmos 39:5, 11, 62:9 y 144:4). El énfasis básico de Eclesiastés estriba en que la vida es absurda, inútil, vacía, fútil y vana si no está debidamente relacionada con Dios. Sólo cuando está basada en Dios y su Palabra, la vida cobra valor y toma sentido.

Esta enseñanza básica se presenta a través de todo el libro; véase especialmente 2:24–26; 3:11–14, 22; 5:18–20; 8:15; 9:7–10; 11:7–12:1 y 12:9–14.

El principio expuesto en 7:5–10 es el de que una persona sabia pondrá atención a la represión para evitar la corrupción. El punto relevante en los vv. 5–6 es que el significado verdadero y duradero de la vida de alguien no se puede hallar en la risa o en los cantos ruidosos pero breves de los tontos que se alaban y se entretienen los unos a los otros, sino que más bien es mejor prestar atención a la represión del hombre sabio. Así pues, el significado de la vida de uno es obtener ganancia de los sabios, no de los tontos.

Parece que el punto que se debe destacar en 8:10–14 es que la ley de la retribución frecuentemente parece estar en contradicción, y esto puede dar como resultado un sentido de futilidad, en realidad una falta de sentido, algo «absurdo», que nos desconcierta. Así pues, aunque uno crea aun en la ley de la divina retribución (8:13), debe darse cuenta de que en esta vida hay realidades y acontecimientos «absurdos», sin sentido, que nos dejan perplejos (8:14). La literatura sapiencial, por supuesto, lucha constantemente con este problema. (Véase el Salmo 73.) El problema puede causar a veces desconcierto al mismo creyente, porque no se explica lo que ve o siente. Sencillamente le parece «todo absurdo».

ECLESIASTÉS 7:15-18; 9:1
¿Por qué usa la *NVI* vocablos tales como «demasiado justo», «demasiado sabio», «pasarse de malo», «portarse como un necio», «de esto», «de aquello», «amor» y «odio»? ¿Qué significan?

El primer pasaje (7:15–18) es muy enigmático, elíptico y misterioso en hebreo. Los eruditos y expertos difieren comprensiblemente en cuanto a cómo las palabras hebreas deben colocarse y complementarse para darles un sentido cabal y sintáctico en el idioma español. El sentido del pasaje esencialmente es una exhortación a evitar los extremos del exceso de escrupulosidad, ascetismo o legalismo por un lado, y al libertinaje por el otro. La persona con la habilidad de vivir equilibradamente evita tales extremos y lleva una vida balanceada en actitud de sumisión ante el Señor.

En 9:1 «amor» u «odio» probablemente intentan hablar de lo que es bueno y lo que es malo. Los seres humanos, con sus limitadas perspectivas, no saben si el futuro (de esta vida) será bueno o malo. Esos asuntos están bajo el control del Dios soberano. (Compárese con 3:1–14.)

ISAÍAS 7:14
¿Por qué la *NVI* traduce la palabra hebrea *alma* por «joven», en lugar de «virgen», como hacen otras versiones, y por qué usa el tiempo futuro «concebirá» en lugar de «ha concebido»?

En cuanto a la primera pregunta, la única declaración completamente justa, objetiva y segura que alguien pueda hacer de la palabra *'almâ* es que los eruditos del Antiguo Testamento están en desacuerdo acerca de su significado. Algunos sostienen que la palabra hebrea significa «virgen»; otros sostienen que quiere decir «mujer joven en edad para el matrimonio»; y aun otros discuten que puede tener cualquiera de estos dos significados, según el contexto. Versiones tradicionales como la RVR no son consistentes y traducen esta misma palabra hebrea *alma* en Éxodo 2:8 y Proverbios 30:19 como «doncella». Lo único que puede decirse con seguridad es que *alma* se usa sólo para mujeres solteras no necesariamente vírgenes. Cuando los judíos tradujeron la Biblia del hebreo al griego, (la LXX) alrededor del año 200 a.C., usaron la palabra griega *parthenos* («virgen»).

En cuanto al nacimiento virginal de Jesús, está claramente afirmado por los Evangelios. Mateo lo afirma así y usa la palabra *parthenos*, al citar en griego a Isaías 7:14 (Mt 1:18–25). Lucas no cita directamente a Isaías, pero dice explícitamente dos veces que María era «virgen». (Véase Lucas 1:27, 34–35.)

En cuanto al tiempo del verbo en español, todo lo que el hebreo tiene es un adjetivo; lo que significa que el traductor debe dar el tiempo apropiado del verbo «ser», de acuerdo con los requisitos del contexto. La mayoría de los eruditos prefieren el tiempo futuro en este contexto.

ISAÍAS 14:12
¿Hay alguna omisión aquí? ¿Qué le sucedió a «Lucifer»?

El vocablo hebreo *heylel* aparece solamente en este pasaje en toda la Biblia, de manera que es difícil saber lo que significa exactamente, pues no hay puntos de referencia o comparación. Lo más probable es que esté relacionado con el verbo *halal*, que significa «brillar»; así que el sustantivo *heylel* parece significar «algo que brilla o lleva luz», que es precisamente el significado literal de la palabra «lucero» en español, que viene del latín *fere lucem*: llevar luz.

Algunos eruditos piensan que se refiere al planeta Venus, o a la luna. No existe ninguna evidencia lingüística de que esta palabra sea el nombre propio de Satanás. Es simplemente una palabra que al pasar del hebreo (*heylel*) al latín, se tradujo como lucifer, un sustantivo común, que significa lo que significa en hebreo —portador de luz. Más tarde pasó al castellano como «lucero», que tiene exactamente la misma significación.

Cuando la Biblia se tradujo al latín, S. Jerónimo hizo exactamente eso, tradujo *helel* por lucifer en Isaías 14:12. Pero en esta versión latina de S. Jerónimo, «lucifer» no se usa como nombre propio tampoco. El primero que utilizó este término como nombre propio aplicado a Satanás fue Tertuliano, un padre de la iglesia quien murió aproximadamente en el año 222 d.C. Pero fue el poeta inglés John Milton, quien lo utilizó en su poema el *Paraíso perdido*, quien difundió y popularizó esta idea y práctica. Las versiones bíblicas tradicionales de los siglo XVII y siguientes continuaron esa tradición extrabíblica, dándole a la traducción latina de Jerónimo «lucifer», categoría de nombre propio para aplicarlo a Satanás. En realidad «estrella de la mañana» es una traducción e interpretación correcta. Los eruditos, sin embargo, discuten sobre a quién se refiere: si es al rey de Babilonia, a Satanás o a ambos. Cristo, por supuesto, es la verdadera Estrella de la Mañana. (Véase Números 24:17; 2 Pedro 1:19; Apocalipsis 22:16.)

ISAÍAS 53:11
¿Por qué la *NVI* traduce «...verá la luz»; y no «verá el fruto de la aflicción de su alma», como la RVR?

Aquí la *NVI* siguió el texto mucho más antiguo de los Rollos del Mar Muerto y la Septuaginta (ambos de los siglos II y III a.C.) en lugar del *texto masorético*, un texto posterior que siguen otras versiones.

ISAÍAS 59:19
¿Por qué su interpretación de la última parte de este versículo es tan diferente a la de la RVR?

Los traductores de la RVR pensaron que el verbo hebreo al final del versículo tenía la idea de «concentrarse alrededor de una bandera o de levantar un estandarte». Aquí parece haber falta de entendimiento de la palabra hebrea. «Vendrá como un torrente» es probablemente una mejor traducción y tiene más sentido con el contexto.

DANIEL 7:13, SALMO 8:4, HEBREOS 2:6
¿Por qué la *NVI* traduce en estos tres pasajes «ser humano» en lugar de «hijo del hombre»?

Lo primero que hay que observar es que en los tres pasajes se han incluido notas al pie de página con la traducción literal: «hijo del hombre». Esto se hace siempre que una traducción literal, como es aquí el caso, no suena bien en castellano, pero, dada la importancia que se le ha dado en el uso tradicional, el lector debe darse cuenta del cambio. No hay, pues, la más mínima intención de los traductores de ocultar en

Daniel 7:13 la referencia a Cristo. La *NVI* está llena de referencias a Cristo en el Antiguo Testamento. Hay sin embargo una diferencia de la expresión hebrea «hijo del hombre» que, como veremos, significa simplemente «ser humano»; a esta misma expresión, que los autores del Nuevo Testamento tomaron muy posiblemente de Daniel 7:13 y la aplicaron a Jesús como un título. Por eso la *NVI* la ha dejado intacta en muchos casos en el Nuevo Testamento.

En hebreo la frase *ben-adam* significa «hijo del hombre», lo mismo que *bar'enash* en arameo. Es una simple y natural expresión de uso común en los idiomas semíticos, para expresar la filiación, origen o pertenencia de algo o de alguien. La palabra "hijo" significa *ben*; se combina con muchas otras palabras para expresar que algo o alguien pertenece o proviene de otro, o pertenencia a determinada clase o categoría.

Por ejemplo, Deuteronomio 25:2 dice literalmente: «Y si el culpable es hijo de azote...». La RVR traduce correctamente: «Y si el delincuente mereciere ser azotado». (*NVI*: «Si el culpable merece que lo azoten.») En 1 Samuel 20:31, dice literalmente: «Tráemelo, porque es hijo de muerte». RVR traduce «tráemelo porque ha de morir». (*NVI*: «Tráemelo, pues está condenado a morir.») Hay muchos ejemplos en el hebreo: *ben-semeq* significa «hijo de apoyo» o «confiable»; *ben-zug* quiere decir «hijo de un par» o «esposo»; *ben-sijáh* se traduce «hijo de conversación» o «interlocutor». En el caso de *ben-adam*, no hay ninguna duda de que significa «persona, hombre, ser humano». Daniel 8:18 la usa en referencia a sí mismo. La *NVI* traduce: «criatura humana».

Sin embargo, en muchos casos la expresión «hijo del hombre» se usa repetidamente, a manera de título. Es el caso de Ezequiel, donde se ha dejado la traducción literal. Lo propio ocurre en varios pasajes del Nuevo Testamento.

Pero en español común y corriente, distinto a lo que ocurre en hebreo-arameo, la expresión «hijo del hombre» no tiene sentido, a no ser en su acepción de «criatura humana». En la Biblia es tolerable usarla, cuando por el

uso ha llegado a ser un «título», especialmente cuando
se aplica a Jesús. (Véase Mateo 8:20; Lucas 9:58, 9:44,
12:8 y otros pasajes donde la *NVI* ha dejado intacta la
expresión «hijo del hombre».) Es bien claro que este no
es el caso del Salmo 8, en donde la expresión es paralela
al sinónimo «hombre». Es el mismo caso en el Salmo
80:17 y en Jeremías 49:18. Cuando Daniel dice que vio
a alguien «como hijo de hombre», en castellano no
significa más que vio a alguien que parecía un ser
humano, en contraste con las otras visiones de animales
que tuvo. Por eso la *NVI* tradujo acertadamente «con
aspecto humano». Esto es mucho más claro para el
lector común, que decir: «Vi uno como un hijo de
hombre».

OSEAS 11:12
**¿Por qué la *NVI* dice: «Judá anda errante, lejos de
Dios», en lugar de «Judá aún gobierna con Dios,
y es fiel con los santos» (RVR)?**

La última parte de este versículo ha sido por mucho
tiempo un problema dificultoso en la exégesis hebrea y
la interpretación del Antiguo Testamento. El verbo,
dependiendo de lo que son la raíz y la etimología, puede
significar «ser desobediente», «ser conocido» o «gobernar».
La preposición puede significar «en contra de», «hacia»,
«por» o «con». El nombre al final puede significar «el
Santo» o «los santos», (es decir, «santos»). En una
situación como ésta uno debe juzgar la probabilidad
basada en el contexto. El profeta (o Dios) difícilmente
estaría diciendo algo elogioso acerca de Judá,
particularmente teniendo en cuenta el texto en 12:2. Por
lo tanto, los matices negativos y condenatorios de las
palabras parecen ser más apropiados con el énfasis en
los siguientes versículos del contexto. (Realmente, 11:12
es 12:1 en la Biblia hebrea, así que, naturalmente,
concuerda con el texto que continúa).

MIQUEAS 5:2
**¿En las últimas dos líneas de este versículo, por qué
establece una diferencia entre «orígenes» (*NVI*) y
«salidas» (RVR)?**

Los traductores de la *NVI* no fueron descuidados al
manejar las profecías mesiánicas del Antiguo

Testamento o cualesquiera otras doctrinas, sino que los
cruditos buenos, consagrados y espirituales, difieren en
la interpretación de ciertos pasajes bíblicos. Por ejemplo,
el texto hebreo al final de este versículo puede
traducirse como (1) «y sus salidas son desde el principio,
desde los días de la eternidad» o (2) «sus orígenes se
remontan hasta la antigüedad, hasta los tiempos
inmemoriales». Los que prefieren la primera
interpretación, naturalmente, usan ésta para debatir
sobre la eternidad del Mesías. Los que prefieren la
segunda traducción creen que la expresión se refiere a
los antiguos «orígenes» del Mesías por la línea
genealógica de David (como lo indica el pacto davídico
en 2 Samuel 7) y de la tribu de Judá (Génesis 49:10).

Los miembros del comité de traducción bíblica sintieron
que el contexto favorecía el segundo punto
de vista: «Belén ... de Judá, de ti saldrá el que
gobernará a Israel». (Nótese el énfasis sobre los orígenes
del futuro gobernante davídico en el pueblo davídico de
Belén.) Los traductores de la *NVI* prefirieron colocar la
segunda interpretación en el texto y la primera en las
anotaciones como una alternativa. A propósito, los que
favorecen la segunda traducción siempre creen en la
eternidad del Mesías (y por eso en el eterno Hijo de
Dios) y creen que su eternidad se enseña muy
explícitamente en otros pasajes, particularmente en
el Nuevo Testamento.

–VI–

¿QUÉ TEXTO GRIEGO FORMA LA BASE DE MI BIBLIA?

Edesio Sánchez Cetina

Por lo general, quien abre su Biblia para leerla o estudiarla no se hace la pregunta que aparece al inicio de este escrito. El lector común de la Biblia, sobre todo si es un asiduo lector de alguna de las versiones tradicionales, confía en que el texto bíblico que lee es la palabra divina transmitida de manera fiel desde el primer día en que se escribió hasta el momento.

Pero si el lector, además de leer la Reina Valera, empieza a estudiar una versión traducida en las últimas décadas, de seguro empezará a descubrir ciertos cambios textuales que, aunque no alteran en nada las enseñanzas bíblicas, es importante conocerlos. Uno de esos cambios, por ejemplo, es el de 1 Juan 5:7–8. La Reina Valera 1960 dice así:

Porque tres son los que dan testimonio en el cielo: el Padre, el Verbo y el Espíritu Santo; y estos tres son uno. Y tres son los que dan testimonio en la tierra: el Espíritu, el agua y la sangre; y estos tres concuerdan.

Por su parte la *Nueva Versión Internacional* y las versiones más recientes de la Biblia dicen más o menos así:

Tres son los que dan testimonio, y los tres están de acuerdo: el Espíritu, el agua y la sangre.

No es necesario ser muy observador para darse cuenta de que hay diferencias significativas. Pero, ¿a qué se debe tal diferencia?

Mucho depende de qué base o fuente textual usaron los

traductores. Y así empezamos a responder de manera
más directa nuestra pregunta del principio, que en
último término se reduce a: ¿Qué texto fuente o base
textual es más fiel y confiable: el *textus receptus* o el
textus criticus?

El *textus receptus* (del latín «recibido» o «aceptado») fue el
texto griego del Nuevo Testamento organizado por
Erasmo de Rotterdam en 1516, del que hablaremos
adelante. El *textus criticus* es el más reciente texto del
Nuevo Testamento, fruto de la investigación científica,
que incluye todos los hallazgos de los más antiguos
manuscritos del Nuevo Testamento.

Regresemos a 1 Juan 5:7–8. La *Nueva Versión
Internacional* (*NVI*) tiene una nota al pie de página
que dice:

*5:7–8 testimonio ... Espíritu. Var. testimonio en el cielo: el
Padre, el Verbo y el Espíritu Santo, y estos tres son uno.
Y hay tres que dan testimonio en la tierra: el Espíritu*
(este pasaje se encuentra en manuscritos posteriores de
la Vulgata, pero no está en ningún manuscrito griego
anterior al siglo XIV).

La información pertinente es la que está entre
paréntesis. Lo que esta información nos dice de manera
resumida es que en la actualidad no existe ningún texto
original o autógrafo. El material que hoy tienen a la
mano los especialistas o quienes se dedican a la crítica
textual, consta de una enorme cantidad de manuscritos
que provienen de diferentes épocas y que son copias de
copias del original. Se han contado más de cinco mil
manuscritos del Nuevo Testamento de diferente índole,
material, lugar y fecha. Los más antiguos provienen del
siglo II d.C. para el Nuevo Testamento, y tenemos
algunos del Antiguo Testamento, especialmente de los
descubiertos en Qumrán, que datan del siglo II y III a.C.

Ahora bien, esos numerosos manuscritos han sido
catalogados y ubicados en lo que los especialistas
llaman «familias de textos». Estas «familias» se formaron
en relación con un centro importante de la cristiandad
antigua: Alejandría, Antioquía, Constantinopla, Cartago

y Roma. Las copias que se hicieron a partir de la primera copia de algún escrito bíblico que llegó a Roma reflejan características peculiares a ese importante centro. Y así sucede con el resto de lugares claves. Así tenemos el *texto alejandrino*, el *texto occidental*, el *texto cesariano* (relacionado con Cesárea) y el *texto bizantino*. De todos estos, el texto alejandrino es considerado el mejor texto y el que preserva de manera más fiel el original. Los códices que representan esa familia son el Códice Vaticano y el Códice Sinaítico. Estos códices provienen de mediados del siglo IV d.C. Además, se han descubierto otros fragmentos en papiros, por ejemplo, el *Papiro Bodmer*, que provienen de finales del siglo II y principios del III d.C. En el otro extremo se encuentra el *texto bizantino*. Este texto, que tuvo su centro en Constantinopla, tiene como características la combinación y expansión del texto, el pulimento de expresiones fuertes o altisonantes y la armonización de varios pasajes paralelos. Este texto es el que sirvió de base para producir todas las ediciones impresas del texto del Nuevo Testamento griego antes del siglo XIX d.C.

La primera edición del texto griego impreso fue hecha por Erasmo de Rotterdam en 1516. En su trabajo, Erasmo basó su texto principalmente en dos manuscritos de inferior calidad y contenido, uno para los Evangelios y otro para Hechos y las Epístolas. Esos manuscritos se encuentran hoy en la biblioteca de la Universidad de Basilea y datan del siglo XII d.C. Para el libro de Apocalipsis, Erasmo también tuvo acceso a un manuscrito del siglo XII d.C., pero con el inconveniente de que le faltaban algunos versículos del final del libro, los que tuvo que sacar del texto latino de la Vulgata, retraduciéndolos del latín al griego. Fue este Nuevo Testamento griego de Erasmo el que llegó a llamarse *textus receptus*, es decir, el texto recibido o aceptado. Como podemos ver, el *textus receptus* está basado en manuscritos bastante tardíos. Todas las traducciones del Nuevo Testamento que se hicieron desde el siglo XVI hasta el siglo XIX usaron el texto griego de Erasmo. Esta fue la base o fuente textual de versiones como la Reina Valera, cuya primera edición vio la luz en 1569.

¿Por qué la *NVI* difiere de la Reina Valera?

La *NVI* se tradujo usando como su base textual una versión actualizada, más depurada y confiable del texto que recoge el testimonio de todos los mejores y más antiguos manuscritos descubiertos hasta el día de hoy. Y el texto de 1 Juan 5:7–8 tal como lo tiene *NVI* es el resultado de testimonios textuales mucho más antiguos que aquellos que sirvieron de base para la traducción de ese mismo texto en Reina Valera. Lo mismo pasa con otros textos que el lector observador de seguro descubrirá. Y no debe preocuparnos, como ya lo hemos dicho, que se esté alterando alguna verdad o doctrina fundamental de la Biblia. Gracias a Dios toda verdad importante enseñada por las Sagradas Escrituras está respaldada no en uno o dos pasajes o textos, sino en docenas de los mismos, regados por toda la Biblia. De manera que si se descubre clara y verídicamente que un determinado texto nunca estuvo en los originales, el traductor honesto debe decirlo así y no incluirlo en su traducción, advirtiendo por qué ha tomado esta decisión. De esta manera está contribuyendo a la integridad de la Palabra de Dios. Dejarlo en la Biblia sería exactamente lo contrario.

¿Por qué ya no se usa ni debe usarse el *textus receptus* como base de la traducción de la Biblia hoy?

En primer lugar, hoy contamos con varios miles de manuscritos muy antiguos de la Biblia descubiertos en los últimos años, que han permitido reconstruir en su mayor integridad el texto griego del Nuevo Testamento, este es el que se llama el *textus criticus*. Además, como ya hemos visto, el *textus receptus* se basó en escasos manuscritos tardíos. Por otra parte los avances de las ciencias y la tecnología nos permiten tener acceso, en la actualidad, a un texto más cercano a los originales. El texto griego del Nuevo Testamento que hoy se usa para la traducción es el resultado de un trabajo científico profundo y cuidadoso que ha logrado reunir los mejores y más antiguos testimonios escritos griegos. Científica y verídicamente no hay manera de argumentar a favor del *textus receptus* frente a las ediciones científicas o críticas del texto griego del Nuevo Testamento que

publican las Sociedades Bíblicas Unidas, la Sociedad
Bíblica Internacional y otras organizaciones dedicadas a
la investigación y traducción de la Biblia. Hoy en día
ningún traductor serio de las Escrituras utiliza el *textus
receptus*, porque se han comprobado sus muchos vacíos
y alteraciones, que lo hacen menos fiel a los originales.

De aquí que la única manera de medir la fidelidad y
autoridad de una versión de la Biblia no es
comparándola con otras versiones; especialmente
versiones del pasado, que, aunque apreciamos mucho,
hoy en día hemos descubierto que se basaron en fuentes
textuales, ya superadas. La fidelidad de una versión de
la Biblia se descubre comparándola con los mejores
textos en las lenguas originales que hoy poseemos, como
fruto del descubrimiento, investigación y estudio
concienzudo, cuidadoso y científico de miles de
manuscritos que Dios nos ha permitido descubrir en los
últimos siglos, y especialmente en los últimos cincuenta
o sesenta años.

El equipo de traductores de la *NVI,* pues, en una actitud
de seria disciplina científica y profunda responsabilidad
espiritual, buscó siempre ser fiel no a la tradición
textual de una versión, sino a la Palabra de Dios. Buscó
reflejar en su traducción no lo que el mercado espera
encontrar en una Biblia, por sentimientos tradicionales
o apego emocional, sino la expresión más fiel del
mensaje de la Palabra de Dios como debió de haber
resonado en el primer momento en que salió de la
pluma del autor original del texto sagrado.

–VII–

LA BASE TEXTUAL Y HERMENÉUTICA DEL NUEVO TESTAMENTO EN LA *NVI*

Moisés Silva

Para muchas personas, traducir un texto es sencillamente una cuestión de encontrar palabras en un idioma que correspondan a las de otro idioma. Sabemos, por ejemplo, que *merci* en francés corresponde a «gracias» en castellano, así que un buen traductor, se podría pensar, debe ser alguien que tenga un amplio conocimiento del vocabulario de los dos idiomas.

Uno pronto descubre, sin embargo, que el vocabulario de una lengua no coincide con el de la otra. El término «negro» en castellano corresponde a *black* en inglés, pero la combinación «ojos negros» se debe traducir *dark eyes* («oscuros ojos») porque *black eye* es una expresión que significa «ojo amoratado».

Además, hay que tener en cuenta diferencias gramaticales y sintácticas, por no decir nada de conceptos culturales que se presuponen en un idioma pero no en el otro. Y, por supuesto, el asunto se complica mucho más cuando no se trata de una lengua contemporánea sino de una antigua, hablada por personas cuyo fondo cultural era muy diferente al nuestro.

Todo esto significa que la traducción es inseparable de la hermenéutica (es decir, el arte y la ciencia de la interpretación). Es imposible, por ejemplo, traducir una obra de Shakespeare al castellano a menos que el traductor entienda claramente lo que el gran escritor inglés quiso decir. Pero entender el inglés de Shakespeare, que vivió hace cuatro siglos, no es tan

fácil, así que resulta necesario elaborar criterios y
métodos que nos ayuden en esta tarea.

Pero, ¿qué texto traducir?

El primer problema que enfrentamos consiste en
establecer la base textual de la traducción. Aun en las
obras de Shakespeare, a pesar de que en sus días ya se
usaba la imprenta, se descubren diferencias textuales
entre las varias ediciones que se han publicado en su
idioma original. El problema es mucho más serio en el
caso de escritos antiguos que tuvieron que ser copiados
a mano un gran número de veces. Cada vez que un
escriba producía un nuevo manuscrito, introducía
cambios en el texto. Era prácticamente imposible
reproducir perfectamente un documento largo. Como
resultado, los manuscritos contienen muchas
diferencias entre sí, y es necesario decidir, de la manera
más científica posible, cuál de las lecturas constituye el
texto original.

En el caso del texto griego del Nuevo Testamento,
tenemos una ventaja enorme en comparación con
cualquier otro escrito de la antigüedad. Plutarco, por
ejemplo, un famoso escritor griego del primer siglo,
compuso una obra llamada *Moralia* que llegó a ser todo
un éxito literario. Como fue un libro tan popular, se han
preservado más de cien manuscritos, copiados entre los
siglos X y XV, aunque sólo una decena de ellos se
consideran valiosos. En contraste, los manuscritos
que contienen el Nuevo Testamento, en parte o en su
totalidad, sobrepasan la cifra de 5.000, y un buen
número de estos son muchos más antiguos que los
de Plutarco; en efecto, unos cuantos se produjeron en
el siglo IV, en el III, y aun en el II. Como si esto fuera
poco, tenemos además abundantísimo testimonio
textual preservado en las traducciones antiguas y en
las miles de citas del Nuevo Testamento por los padres
de la iglesia.

Durante la época medieval, en la Iglesia Católica
Romana se usó exclusivamente una versión latina de la
Biblia llamada la «Vulgata». Luego, en el contexto del
Renacimiento, los humanistas de los siglos XV y XVI

reavivaron el interés en la literatura antigua. Erasmo, el
traductor, estaba muy consciente de la imperfección de
su trabajo, y por lo tanto publicó durante el resto de su
vida varias ediciones revisadas. Después de su muerte,
una edición de su obra recibió el nombre de *textus
receptus*, porque era el texto aceptado por casi todos los
eruditos de ese tiempo.

En efecto, este texto era prácticamente el único Nuevo
Testamento griego disponible, y por lo tanto fue la base
textual de la gran versión castellana de Casiodoro de
Reina (1569), luego revisada por Cipriano de Valera.
Durante los siglos XVII y XVIII sin embargo, se
descubrieron cientos de manuscritos, muchos de ellos
más antiguos y confiables que los que Erasmo utilizara.
Además, la ciencia de la crítica textual se desarrolló con
impresionantes avances, gracias al trabajo de grandes
eruditos, la mayoría de los cuales, como Johann
Albrecht Bengel, estaban motivados por el amor a la
Palabra de Dios y por el deseo de que el texto disponible
se acercara lo más posible al original mismo.

Desafortunadamente, las revisiones de Reina Valera que
se hicieron en los siglos XIX y XX no tomaron en cuenta
estos importantes avances textuales. El Nuevo
Testamento de la *NVI*, sin embargo, usa como base
textual, no el *textus receptus* ni los manuscritos tardíos
de la Edad Media, sino el texto crítico moderno, que da
preferencia a los manuscritos más antiguos. En
realidad, las diferencias textuales entre Reina Valera y la
NVI son, en su gran mayoría, de poca importancia (estas
diferencias, por lo general, aparecen en la *NVI* al pie de
la página). En otras palabras, el mensaje de la Biblia no
cambia porque se use una base textual diferente. ¡La
verdad del evangelio brilla claramente aun en los
manuscritos más defectuosos!

A pesar de eso, el estudio detallado de las Escrituras
requiere que nos preocupemos también por cosas que
parezcan no tener mucha importancia. Por ejemplo,
Reina Valera (1960) dice en Hechos 20:28, «Por tanto,
mirad por vosotros, y por todo el rebaño en que el
Espíritu Santo os ha puesto por obispos, para apacentar
la iglesia del Señor, la cual él ganó por su propia sangre.»

La *NVI* traduce las últimas dos cláusulas de esta
manera: «... para pastorear la iglesia de Dios, que él
adquirió con su propia sangre.»

Aparte de los verbos «pastorear» y «adquirió» (los cuales
expresan el sentido del griego más precisamente que los
verbos «apacentar» y «ganó»), nótese la diferencia que
hemos resaltado. Sucede que muchos manuscritos
tienen la palabra *kyriou* («del Señor»), pero los dos más
antiguos, y otros testimonios importantes, dicen *theou*
(«de Dios»). Aunque es difícil decidir entre las dos
lecturas, tal diferencia no afecta el significado del
versículo, pues en los dos casos se trata de Dios, que es
el Señor. Pero sería equivocado pensar que la decisión
no importa para nada. Si la lectura «de Dios» es la
correcta, este pasaje es un poderoso argumento
adicional a favor de la doctrina de la divinidad de
Jesucristo.

¿Y qué hacer con nuestros nuevos conocimientos?

Además de los avances respecto a cuestiones textuales,
en los últimos dos siglos ha habido una serie de
descubrimientos muy importantes que afectan nuestro
entendimiento de la Biblia. Uno de los más significativos
tiene que ver con el lenguaje neotestamentario, cuyo
carácter es algo diferente al griego de la literatura
clásica. Todavía en el siglo XIX se discutía mucho este
problema, y algunos sugerían que el idioma del Nuevo
Testamento había sido creado por el Espíritu Santo con
el propósito específico de comunicar el mensaje del
evangelio.

A fines del siglo, sin embargo, los hallazgos de
documentos escritos en papiro aclararon la situación. La
mayoría de estos textos no son obras de literatura sino
cartas personales y documentos cívicos o mercantiles
que usan el idioma común de la gente. Un análisis de
este idioma comprobó que era del mismo tipo usado por
los autores del Nuevo Testamento. Obviamente, los
apóstoles no estaban interesados en producir escritos
literarios con un estilo artificial y complicado; su
propósito era, más bien, el de comunicar lo más
claramente posible el mensaje divino.

No sólo la abundancia de papiros (e inscripciones) descubiertos desde entonces, sino también el enorme trabajo de investigación por muchos eruditos ha aumentado grandemente nuestra comprensión del griego neotestamentario, tanto en el vocabulario como en la gramática. Por ejemplo, cuando Apocalipsis 6:8 describe al que montaba un caballo amarillentado, dice que a éste se le dio poder «para matar con espada, con hambre, con mortandad, y con las fieras de la tierra.» (Reina Valera)

La palabra «mortandad» traduce más o menos literalmente el vocablo griego *thanatos* («muerte»), pero los eruditos han notado que en la Septuaginta, este vocablo a veces se usa en el sentido más específico de «pestilencia», por imitación al vocablo correspondiente en hebreo, *mawet*. No hay duda de que tal es el sentido de la palabra griega en Apocalipsis 6:8, que la *NVI* traduce: «para matar por medio de la espada, el hambre, las epidemias y las fieras de la tierra.» Pero los avances lingüísticos son meramente una parte de todo lo que hemos aprendido en los últimos dos siglos. Hoy tenemos un conocimiento mucho más profundo de la historia greco-romana en el primer siglo. Los descubrimientos cerca del Mar Muerto a mediados del siglo XX han modificado de una manera radical nuestras ideas sobre la situación social y religiosa entre los judíos. Todo esto afecta nuestro entendimiento del texto bíblico y por lo tanto las decisiones que hay que tomar al traducirlo.

Entonces, ¿cómo traducir?

Después de determinar la base textual y el significado del texto, se necesita escoger un método coherente de traducción. La pregunta clave es la siguiente: ¿qué criterios se deben usar para comunicar lo más claramente posible en castellano el significado del texto griego?

Tomemos como ejemplo esta frase en inglés: *I am ten years old.* Una traducción literal en castellano sería: «Yo soy diez años viejo.» Aunque esta traducción refleja con exactitud las palabras individuales de la frase, no representa fielmente su significado. Se podría cambiar para que se acerque más a la gramática castellana: «Soy una persona de diez años.» Pero aun esta traducción no es el modo natural de expresar el significado. La traducción más fiel es: «Tengo diez años.»

Está claro, entonces, que la fidelidad en la traducción bíblica se debe medir, no a base del literalismo sino de la claridad y la naturalidad con que se comunica el significado del texto. Hebreos 9:15, por ejemplo, se puede traducir muy literalmente de este modo: «Y por causa de esto, de un pacto es mediador, para que, ocurriendo muerte para remisión de las transgresiones en el primer pacto, reciban los llamados la promesa de la eterna herencia.» La traducción Reina Valera lo aclara un poco, pero todavía queda algo extraño: «Así que, por eso es mediador de un nuevo pacto, para que interviniendo muerte para la remisión de las transgresiones que había bajo el primer pacto, los llamados reciban la promesa de la herencia eterna.»

La *NVI*, en contraste, sin apartarse del texto, busca la forma más natural de expresar el significado: «Por eso Cristo es mediador de un nuevo pacto, para que los llamados reciban la herencia eterna prometida, ahora que él ha muerto para liberarlos de los pecados cometidos bajo el primer pacto.» Añadir el nombre de «Cristo», tomando en cuenta el contexto inmediato hace explícito lo que el texto griego mantiene implícito. La *NVI* también aclara que «recibir la promesa de la herencia» significa en realidad «recibir la herencia prometida». Además, la *NVI* cambia el orden de las cláusulas para ayudar al lector hispanohablante a captar la relación entre las ideas de este versículo.

Un último ejemplo quizás ayude al lector a entender los criterios y métodos usados por la *NVI*. Romanos 15:15–16 reza de este modo en la versión Reina Valera (1960):

Mas os he escrito, hermanos, en parte con atrevimiento, como para haceros recordar, por la gracia que de Dios me es dada para ser ministro de Jesucristo a los gentiles, ministrando el evangelio de Dios, para que los gentiles le sean ofrenda agradable, santificada por el Espíritu Santo.

No es muy fácil entender esta frase tan larga, que representa una traducción bastante literal. La cláusula, «para que los gentiles le sea ofrenda agradable», es una traducción dinámica del griego, que dice: «para que la ofrenda de los gentiles sea agradable». (En efecto, esta traducción literal se encuentra en la Reina Valera, revisión de 1909, la cual puede malentenderse, como si significara que los gentiles han recogido una ofrenda.)

Para aclarar el significado aún más, la *NVI* divide el pasaje en tres oraciones:

Sin embargo, les he escrito con mucha franqueza sobre algunos asuntos, como para refrescarles la memoria. Me he atrevido a hacerlo por causa de la gracia que Dios me dio para ser ministro de Cristo Jesús a los *gentiles. Yo tengo el deber sacerdotal de proclamar el *evangelio de Dios, a fin de que los gentiles lleguen a ser una ofrenda aceptable a Dios, *santificada por el Espíritu Santo.

Nótese que la frase traducida «en parte» en Reina Valera traduce aquí: «sobre algunos asuntos», que explica el significado más precisamente. La palabra «ministrando» en Reina Valera traduce el vocablo griego *hierourgounta*, que aparece solamente aquí en todo el Nuevo Testamento. Con el uso de este verbo, que significa «ejercer el trabajo de un sacerdote», el apóstol Pablo hace una comparación entre su ministerio y el de los sacerdotes del Antiguo Testamento. Para recoger esa idea, la *NVI* traduce: «tengo el deber sacerdotal». Por último, nótese el asterisco en las palabras «gentiles», «evangelio» y «santificada». Con este signo se indica que el glosario incluye una breve explicación de los criterios que se han utilizado para traducir las palabras griegas correspondientes.

Traducir el Nuevo Testamento no es una tarea fácil o sencilla. Los traductores de la *NVI* han hecho un gran esfuerzo por comunicar, de la manera más fiel y clara posible, el mensaje de la Palabra inspirada.

-VIII-

PREGUNTAS ACERCA DEL NUEVO TESTAMENTO

Luciano Jaramillo Cárdenas

Como hemos visto en los artículos anteriores, la mayoría de las diferencias que notamos en las versiones contemporáneas de la Biblia, como la *Nueva Versión Internacional*, en relación con versiones más antiguas, como la Reina Valera, se deben a la fuente textual que tuvieron a su alcance los traductores. Esto es mucho más válido para el Nuevo Testamento. Debe ser ya claro para el lector la importante diferencia que existe en usar como base para la traducción el *textus receptus* o el *textus criticus*. Como podemos ver, los traductores anteriores al siglo XIX, no disfrutaron del privilegio de una base textual, amplia, probada y abundante, que ha producido el mejor texto base en griego del Nuevo Testamento, ciertamente más confiable y mucho más cercano a lo que fue el texto original de la Biblia. Y debieron contentarse con un texto griego básico fundado en un puñado de manuscritos (no más de 15 o 20), todos ellos muy tardíos (de los siglos XII al XIV d.C.).

Esta aclaración pone en perspectiva la discusión de los «cambios», «omisiones» y «adiciones» que puedan registrarse en las nuevas traducciones. Nadie está atentando contra la integridad o pureza del texto. Por el contrario, se trata de regresar a la pureza inicial del texto, tal como fue entregado por Dios a los primeros depositarios de la revelación. Se trata de acercarse lo más posible al texto original de la Escritura, a través del estudio científico de los miles de documentos, manuscritos, códices o papiros que al presente tenemos. Este ejercicio es el que los expertos llaman la crítica textual, que nos rinde el texto griego más confiable y que nos sirve de base para traducir a las lenguas modernas la Palabra de Dios. Otro artículo de este libro toca más en extenso el tema de la crítica textual.

La evaluación de todos estos manuscritos se rige por
ciertos principios fundamentales: (1) generalmente se
prefieren los manuscritos más antiguos, pues se supone
que están más cerca a los originales; (2) se prefiere la
lectura o variante textual que mejor explica otros textos
relacionados, ya que se supone que el mensaje bíblico es
consistente; (3) normalmente se prefiere la lectura o
variante más difícil, pues por lo general las alteraciones
tienden a simplificar el texto; (4) usualmente se prefiere
la lectura o variante más corta; pues las interpolaciones
nacen más de agregar cosas o explicarlas; (5) aunque el
número de manuscritos en favor de una lectura o
variante es importante, hay manuscritos de mucha
autoridad y solvencia reconocida, que los hace muy
«pesados» al momento de la decisión.

Por eso se dice que «los manuscritos deben ser
"pesados," más que "contados"». Por ejemplo, se da
mayor peso a manuscritos que en la mayoría de los
casos han probado ser correctos, luego de pasar por las
diferentes pruebas de la crítica textual.

¿Cuáles son las principales causas de los errores y variaciones?

Es propio del humano el equivocarse. La trascripción y
reproducción del texto se hizo a través de los siglos a
mano, hasta la invención de la imprenta en 1440. Fue
una labor ardua y difícil, sometida a los naturales
errores y equivocaciones que implica copiar y recopiar
un manuscrito, tomándolo de otros manuscritos o
escuchando a alguien que leía en voz alta el texto,
mientras varios copistas iban trascribiéndolo. No es
pues de extrañarse que se pasaran algunos errores y
equivocaciones.

Repitamos una vez más que la mayoría de estas
variantes no afectan de manera esencial el significado ni
la enseñanza bíblica. Y la inmensa mayoría tiene que ver
sólo con diferencias triviales. Para quienes creemos en la
inspiración de las Escrituras debe ser de mayor
importancia lograr la mayor exactitud del texto,
descubriendo estas equivocaciones y variantes, y
corregirlas, para mantener la integridad del texto
sagrado. Hay pues una inconsistencia en insistir en la

importancia de la inspiración de las Escrituras y
defenderla con convicción y ardor, y al mismo tiempo
seguir apegados a versiones tradicionales antiguas cuya
base textual ha sido superada hace ya mucho tiempo,
ya que se basaron en un texto griego o hebreo muy
inseguro. Veamos entonces los principales errores y
variaciones y sus causas:

* Errores de lectura, escritura y audición.
* Confusión de letras que parecen similares
(ej. Romanos 12:11, *kurío* por *kairo*).
* Confusión de letras que suenan parecido (Romanos 5:1
examen por *exoomen*).
* Omisión de letras.
* Doble escritura involuntaria de una letra, palabra o
grupo de palabras.
* Extravío de la vista a causa de palabras gráficamente
semejantes o que terminan o comienzan con la misma
letra.
* Unión o separación defectuosa de palabras.
* Abreviaturas mal interpretadas.
* Inclusión de notas marginales secundarias en el texto.

Ejemplos de estos errores de lectura o escritura los
tenemos en 1 Timoteo 3:16: la RVR dice «Dios fue
manifestado en carne». La *NVI* y otras versiones
actuales, siguen manuscritos más antiguos que dicen:
«Él se manifestó...». El cambio surgió de que copistas
posteriores leyeron (Theos=OC, por OC= el que). En 2
Pedro 2:18 la RVR dice: «...a los que verdaderamente
habían huido de los que viven en el error». La *NVI* y
otras traducen «a quienes apenas comienzan a apartarse
de los que viven en el error». La diferencia está en la
confusión de dos palabras: *ontos* (verdaderamente), y
oligos (a duras penas, apenas).

La segunda variante está apoyada por una vasta
mayoría de los mejores manuscritos. En Apocalipsis 1:5
RVR dice: «Al que ... nos lavó (*loysanti*) de nuestros
pecados...». Mientras que la *NVI* y las versiones actuales
dicen: «... nos ha librado (*lysanti*) de nuestros
pecados...». La pronunciación del diptongo puede
confudirse. La primera variante (RVR) se encuentra en
manuscritos tardíos. Los más antiguos apoyan la
variante de la *NVI*.

* Cambios deliberados.
* Sustitución de palabras raras o de poco uso desconocidas para los copistas.
* Cambios ortográficos y gramaticales.
* Armonización y unificación de textos paralclos. Este es uno de los cambios más frecuentes, como lo vamos a ver a continuación, especialmente en los Evangelios sinópticos. El ejemplo clásico es el añadido al final del Padrenuestro en Mateo 6:13: «... y tuyo es el reino, y el poder, y la gloria...», que no se encuentra en los manuscritos más antiguos y fue añadido posteriormente, tomándolo posiblemente de 1 Crónicas 29:11–13.
* Adiciones de ampliaciones o aclaraciones complementarias (lo que llamamos glosas). A veces estos agregados eran escritos al margen por algún copista, a manera de comentario, y más tarde quienes hacían copias de ese manuscrito lo introducían en el texto. Un ejemplo es Juan 5:3, en donde los mejores y más antiguos manuscritos y versiones dicen solamente: «En estos pórticos se hallaban tendidos muchos enfermos, ciegos, cojos y paralíticos...», tal como aparece en la *NVI.* El resto del versículo, «...que esperaban el movimiento del agua», no aparece en ningún manuscrito antiguo y fue producto de una glosa o comentario escrito al margen por un copista, que luego en manuscritos posteriores entró al texto.
* Podrían darse también motivos teológicos o doctrinales, para que un copista redondeara el texto agregando palabras o frases. Es el caso de Mateo 9:13, que en la *NVI* y las versiones actuales dice: «Porque no he venido a llamar a justos sino a pecadores». Versiones antiguas como la RVR agregan «al arrepentimiento». Algún copista creyó que era mejor redondear el texto, tomándolo de Lucas 5:32. El caso de la adición de la palabra «ayuno», en Mateo 17:21 y Marcos 9:29, puede ser un ejemplo de añadir algo al texto por motivos de énfasis teológico, como lo explicamos en los ejemplos que vienen a continuación en este libro.

Hay muchas otras causas para las variaciones y adiciones que encontramos en los diversos manuscritos, como lo vamos a ver en los ejemplos de problemas específicos que vamos a estudiar a continuación.

MATEO 1:25
¿Por qué la *NVI* no dice «dio a luz a su hijo primogénito»?

La palabra «primogénito» no aparece en el Evangelio de Mateo en los manuscritos más antiguos. Los manuscritos tardíos que sirvieron de base al *textus receptus* reflejan una posible interpolación que algún copista celoso introdujo en Mateo con el equivocado deseo de uniformar el texto de los Evangelios, tomándolo de Lucas 2:7, donde sí está este término, respaldado por multitud de manuscritos en griego. Del *textus receptus* lo tomaron algunas de las versiones tradicionales como la RVR y otras.

Algunos acusan a las versiones modernas de la Biblia de querer negar el nacimiento virginal de Cristo, por no colocar la palabra «primogénito» en Mateo 1:25. Si este fuera el caso, la *NVI* y otras traducciones habrían removido el mismo término de Lucas 2:7. En este caso quien atenta contra la integridad del texto es el copista que por un celo exagerado inserta en Mateo una palabra que el autor no usó en su Evangelio; y quienes insisten en mantenerlo allí, después de que la crítica textual moderna ha comprobado que no estuvo en los originales.

MATEO 5:34, 19:9
¿Por qué traducir *porneia* en Mateo 5:32 y 19:9 por «infidelidad conyugal», si la misma expresión se tradujo como «inmoralidad sexual» en otros pasajes como Mt 15:19; Mc 7:21; Hch 15: 20, 29; 21:25; 1 Cor 5:1, 6:13–18, 7:2; Ga 5:19; Ef 5:3; Col 3:5; 1 Tes 4:3?

La palabra *porneia*, según el diccionario griego principal (de Bauer), se usa en referencia a «toda clase de relación sexual ilícita». Es decir, es un término general que toma su significado específico del contexto en que se use. En ciertos casos se distingue de *moicheia* mientras que en otros incluye el sentido de este término también. Claro que hay varias opciones adicionales en Mateo.

Ahora bien, cuando un traductor se encuentra con un término (o frase o cuestión sintáctica) que le presenta más de una opción, cualquier opción que escoja debe estar respaldada por una exégesis del texto, dentro del contexto en que aparece, y con plena conciencia de los diversos significados que la palabra o expresión le permiten. La *NVI* toma la *New International Version* como un modelo teniendo en cuenta su calidad de traducción y la autoridad de los 110 traductores evangélicos de altísima calidad que la hicieron. No significa esto que los traductores de la *NVI* siguieron la *NIV* en todos los casos, pero tampoco se desviaron de la *NVI* cuando no había necesidad de hacerlo.

En el contexto de Mateo 5:32 y 19:9, la *NIV* traduce *porneia* como «marital unfaithfulness» (infidelidad conyugal), y la razón es clara: en esos dos pasajes, el término sin duda se refiere a un acto sexual ilícito cometido por una mujer que está casada —precisamente el sentido de «infidelidad conyugal». Aunque otras traducciones son posibles, no es seguro que sean mejores. En otros casos como Mateo 15:19, Marcos 7:21 y otros arriba citados, el contexto es diferente y más general. Por esto el comité de traducción bíblica de la *NVI* decidió traducir «inmoralidad sexual» en los otros casos citados arriba.

Reconocemos que a algunos lectores de la *NVI* les gustaría mantener la traducción tradicional, u optar por otra traducción. Pero sería incorrecto decir que estos pasajes «están mal traducidos de acuerdo con los manuscritos más antiguos.» (La diferencia de opinión aquí no tiene nada. Todos los manuscritos tienen la palabra *porneia* en este lugar.)

No hay traducción sin exégesis porque no es posible traducir un pasaje sin primero entenderlo y explicarlo, que es tanto como interpretarlo. Hay cientos de pasajes en los que nuestras mejores versiones, incluso Reina Valera, tuvieron que tomar decisiones basadas en la exégesis. Nuestro propósito al producir la *NVI* fue el de entender el texto bíblico lo mejor posible y expresar su significado de la manera más clara y natural.

En resumen, de acuerdo con las normas de léxico del Nuevo Testamento o del diccionario griego, *porneia* se usa para cualquier o cada tipo de relación íntima sexual ilegal, incluyendo la prostitución, fornicación, adulterio,

homosexualidad y consiguientemente infidelidad sexual
de una mujer casada, que es tanto como infidelidad
conyugal. La *NVI* traduce «infidelidad conyugal», en
Mateo 5:34 y 19:9, porque claramente se refiere al caso
de una pareja de casados, en los que se puede ser «infiel
sexualmente» no solo practicando la fornicación y el
adulterio, sino también cualquier otro tipo de actividad
sexual ilegal, como las prácticas homosexuales y el
lesbianismo.

MATEO 5:44
**¿Por qué la frase «Amad a vuestros enemigos,
bendecid a los que os maldicen, haced bien a los que
os aborrecen, y orad por los que os ultrajan y os
persiguen» no aparece completa en el texto principal
de la *NVI*?**

Los manuscritos más antiguos y las mejores fuentes de
evidencia textual no contienen estas palabras. Algunos
copistas posteriores o escribas, con el ánimo de
uniformar el texto, aparentemente la añadieron en
manuscritos subsiguientes, tomándola de Lucas
6:27–28, donde usted puede leerla, y está respaldada
por las mejores fuentes textuales.

MATEO 6:13
**Ya que Dios no nos guía hacia la tentación, ¿por qué
la *NVI* traduce la primera parte de este versículo: «no
nos dejes caer en tentación»?**

Es cierto que Dios no nos guía hacia la tentación. (Véase
1 Corintios 10:13 y Santiago 1:13.) El significado de esta
petición, entonces, debe ser similar a la de Lucas 22:40,
«Oren para que no caigan en tentación». El sentido es
éste: «No permitas que seamos guiados hacia la
tentación,» o «No permitas que caigamos cuando seamos
tentados». En otras palabras, «Protégenos de nuestra
propia vulnerabilidad, necesitamos tu ayuda».

MATEO 6:13
**¿Qué sucedió con el final conocido y tradicional de
la oración del Padrenuestro?**

Como la nota al pie de página en la *NVI* lo indica,
algunos manuscritos tardíos agregaron al Padrenuestro

el epígrafe o cláusula: *«Porque tuyo es el reino, el poder, y la gloria, por todos los siglos. Amén.»* Las versiones tradicionales, como la RVR, la tomaron de allí. Sin embargo, con la excepción de un manuscrito del siglo V, esta cláusula final no se encuentra en ningún otro manuscrito anterior al siglo IX. Probablemente fue compuesto más tarde para adaptar la frase del Padrenuestro, con fines de uso litúrgico en la iglesia, siguiendo la forma de algunas oraciones en el Antiguo Testamento. En efecto, aunque las palabras mencionadas, con toda certeza, no son parte del texto original del Evangelio de Mateo, la idea es bíblica. (Véase 1 Crónicas 29:11–13.) Es significativo que las versiones de la Biblia más antiguas, como la Vulgata (siglo IV) y otras no contienen este texto. Y que los padres de la iglesia y escritores de los primeros siglos del cristianismo, como Tertuliano, Orígenes, Cipriano y otros, no incluyan este final en el Padrenuestro en sus comentarios. También es significativo que el texto paralelo en Lucas 11:2–4 carece de dicha conclusión.

Tanto en este caso como en el anterior de Mateo 6:13, la *NVI* coloca las variantes en una nota al pie de página. Por otra parte, nada impide que sigamos recitando la frase del Padrenuestro con esta parte final, pues al fin y al cabo el epígrafe «Y tuyo es el reino, etc ...», aunque no esté en el texto original de Mateo, sí aparece en esencia en otro lugar de la Biblia: 1 Crónicas 29:11–13, como parte de la frase de David.

MATEO 9:13
Después de «pecadores», ¿por qué se omite «al arrepentimiento»?

Este es otro caso de la tendencia de algunos copistas de buscar «uniformar» el texto. En efecto, los manuscritos griegos antiguos carecen de las palabras «al arrepentimiento» en este pasaje de Mateo. Probablemente fueron insertadas aquí, trayéndolas de Lucas 5:32, en donde sí aparecen en el texto original.

MATEO 13:25
¿Por qué la *NVI* usa las palabras «mala hierba» en lugar de «cizaña»?

El *Diccionario la herencia americana* (*The American Heritage Dictionary*) define «cizaña» como «elementos nocivos semejantes a las hierbas malas que crecen entre el trigo». Y el *Diccionario del Nuevo Testamento de Cristiandad* (Xavier Leon Dufour) la define como «hierba venenosa y embriagadora» y agrega que «en el Antiguo Testamento, el término colectivo puede designar cualquier planta nociva, producto de la pereza culpable o del castigo de Dios por los pecados de los hombres». La palaba griega «zizanion» probablemente define la cizaña como cualquiera de las varias hierbas malas que lucen como el trigo cuando están pequeñas, pero más tarde pueden distinguirse como tal.

MATEO 17:21
¿Dónde está el versículo 17:21 de Mateo en la *NVI*?

Para responder a esta pregunta debemos ir a Marcos 9:29, que dice: «Esta clase de demonios sólo puede ser expulsada a fuerza de oración». La expresión «y ayuno» no se encuentra en ningún manuscrito anterior al siglo IV d.C. Aparentemente la palabra «ayuno» fue añadida al texto de Marcos 9:29 por algún copista del siglo V. En este siglo se le dio mucho énfasis a la herejía gnóstica y comenzó a tener auge el movimiento monástico, monjes que se retiraban a vivir en conventos o en soledad, una vida muy austera de sacrificio y penitencia. Ambos movimientos enfatizaban el ayuno. Esta pudo ser la razón para que se buscara armonizar los Evangelios de Marcos y Mateo, insertando en Mateo 17:21 el versículo 9:29 de Marcos ya modificado. Lo cierto es que Mateo 17:21 no se encuentra en ninguno de los manuscritos más antiguos y confiables del Nuevo Testamento. Y sólo aparece en manuscritos posteriores al siglo IV.

Esta omisión, sin embargo, no quita nada de la importancia del ayuno en la Biblia. Esta está apoyada por muchos otros textos bíblicos que se pueden leer en la *NVI*, como Mateo 4:2, Hechos 14:23, Marcos 2:19, Hechos 13:3 y muchos más. No necesitamos, pues, un texto de dudosa procedencia, como Mateo 17:21, que hoy los expertos estudiosos del texto consideran espurio, para apoyar la doctrina del ayuno.

MATEO 18:22
¿Qué sucedió con este versículo?

La dificultad está en comprender correctamente la construcción gramatical original. Algunos especialistas griegos dicen que debe traducirse «setenta y siete veces». Otros expertos en griego piensan que debe interpretarse como «setenta veces siete». Afortunadamente, el sentido es el mismo de cualquier manera. Simplemente se traduce, ya que es un modismo semita o hebreo que significa «tantas veces como sea necesario», o «un número ilimitado de veces». El siete es un número que significa la plenitud y se usa frecuentemente de una manera simbólica.

MATEO 20:22
Después de la pregunta de Jesús, ¿por qué este versículo en la *NVI* no tiene las palabras adicionales «y ser bautizados con el bautismo con que yo soy bautizado»?

Esta cláusula está ausente en los manuscritos griegos más antiguos y en muchas otras fuentes de evidencia antiguas muy importantes. Es probable que hubiera habido una inserción posterior aquí del pasaje paralelo que se encuentra en Marcos 10:38–39.

MATEO 23:14
¿Dónde está este versículo en la *NVI*?

Está en las notas al pie de página. No se encuentra en los manuscritos más antiguos; y aun los manuscritos que lo incluyeron tardíamente lo colocaron en diferentes lugares (algunos antes del v.13, otros después del v.13). Lo más probable es que se trata de una interpolación o trascripción traída aquí de Marcos 12:40 o Lucas 20:47.

MATEO 27:35
¿Qué sucedió con el final de este versículo, con su cita del Salmo 22:18?

Puede leerlo en la nota al pie de página, como una traducción alternativa. En realidad este pasaje aparece sólo en unos pocos manuscritos muy tardíos; y no está atestiguado por los manuscritos más importantes y de mayor autoridad. Tampoco lo encontramos en otras fuentes de evidencias griegas más antiguas. Es pues muy probable que copistas posteriores lo tomaron prestado de los pasajes paralelos en Juan 19:24 y los insertaron aquí. Entonces introdujeron estas palabras uniéndolas con las que Mateo normalmente usó antes de las citas.

MARCOS 7:16
¿Por qué falta este versículo, «el que tenga oídos para oír, que oiga», en la *NVI*?

No falta; se ha colocado en la nota al pie de página. Aunque este versículo está presente en muchos manuscritos griegos, no aparece en la mayor parte de los manuscritos más antiguos. Se puede entonces colegir que se trata de una adición de los escribas o copistas, traída aquí del mismo Marcos 4:9 o de 4:23.

MARCOS 9:44, 46
¿Por qué desaparecieron estos dos versículos del Evangelio de Marcos en la *NVI*?

Estos dos versículos son repetición de la expresión que aparece en el versículo 9:48: «su gusano no muere, y el fuego no se apaga». La *NVI* los coloca además en la nota al pie de página. Sin embargo, la expresión «su gusano no muere, y el fuego no se apaga» no aparece, como parte de los versículos 44 y 46, en ninguno de los manuscritos antiguos griegos importantes; y evidentemente fue añadido a los versículos 44 y 46 por copistas posteriores, que lo trajeron del versículo 48, donde las palabras son genuinas y están atestiguadas como parte del original por todos los manuscritos y testigos documentales de autoridad.

MARCOS 11:26
¿Qué sucedió con este versículo?

Está en la nota al pie de página. Sin embargo, no se encuentra en los manuscritos griegos antiguos y probablemente fue insertado aquí más tarde, trayéndose de Mateo 6:15, donde el lector puede leerlo con la

certeza de que, aunque no está en Marcos, sí formó
parte del original de Mateo.

MARCOS 15:28
¿Por qué falta este versículo?

Véase en la nota al pie de página. Los manuscritos más
antiguos griegos y otras fuentes de evidencias antiguas
no tienen este versículo. Los copistas posteriores
probablemente lo añadieron aquí trayéndolo de Lucas
22:37 (citando a Isaías 53:12). Evidencias subsiguientes
de que ha sido añadido puede ser el hecho de que
Marcos no cita abiertamente con frecuencia el Antiguo
Testamento.

LUCAS 2:33, 43
¿Por qué la *NVI* dice «El padre y la madre del niño» y «sus padres» en estos versículos en lugar de «José y su madre», que parece resaltar el hecho de que José no era realmente el padre de Jesús? ¿Hay aquí alguna intención oculta de negar o disimular el nacimiento virginal de Jesús o su divinidad?

Ante la Ley judía, José era el padre de Jesús. Por otra
parte, los traductores traducen lo que aparece en el
mejor texto griego que actualmente tenemos del Nuevo
Testamento. Los más antiguos manuscritos griegos
apoyan la traducción «el padre y la madre del niño». Las
mismas versiones tradicionales deberían ser acusadas
de negar la divinidad de Cristo cuando traducen «sus
padres» en el versículo 2:41; y María misma habría
cometido el mismo pecado, cuando, según esas mismas
versiones reclama a Jesús, en 2:48, «He aquí, tu padre y
yo te hemos buscado con angustia.»

El nacimiento virginal queda enseñado clara y
explícitamente en Mateo 1:18–25 y Lucas 1:26–38. Si la
Nueva Versión Internacional estuviera tratando de negar
la deidad de Cristo, no tendría declaraciones explícitas
acerca de su deidad en varios pasajes donde la Reina
Valera y otras versiones no lo hacen, como en Juan 1:18
y Romanos 9:5. De hecho, la *NVI* tiene más referencias
sobre la deidad de Cristo que la RVR y la mayoría de las
versiones en español.

LUCAS 4:4
¿Por qué las palabras «sino de toda palabra de Dios» no están incluidas al final de este versículo?

Estas palabras no se encuentran en los manuscritos antiguos griegos y probablemente fueron añadidas aquí por un copista posterior que quiso uniformar el texto de Lucas con el pasaje paralelo de Mateo 4:4, donde sí aparece en el griego original, según los mejores testimonios documentales. El lector puede leerlo allí, en la *NVI*, así como en Deuteronomio 8:3, de donde muy posiblemente Cristo tomó la cita.

LUCAS 8:43
¿Por qué en la *NVI* no están las palabras «y que había gastado en médicos todo cuanto tenía»?

Estas palabras pueden leerse en la nota al pie de página. Las Biblias más recientes como la *NVI* no la incluyen en el texto de Lucas, porque no aparecen en el texto griego de los manuscritos más antiguos, incluyendo uno de los más antiguos que poseemos hoy del Evangelio de Lucas, el *Papiro 75*, que data aproximadamente del año 200 d.C. Estamos de nuevo frente al caso frecuente de un copista posterior que tomó prestada esta frase del pasaje paralelo de Marcos 5:26, donde sí está atestiguada por los manuscritos griegos más cercanos a los originales.

LUCAS 9:55–56
¿Por qué faltan algunas palabras al final del versículo 55 y al comienzo del versículo 56?

Las palabras que faltan no se encuentran en los manuscritos griegos más antiguos. La *NVI* las presenta en las correspondientes notas al pie de la página.

LUCAS 10:1,17
¿Cuál de las dos cifras sobre el número de discípulos es la correcta, la del texto principal que dice «setenta y dos» o la alternativa de la nota al pie de página, que dice «setenta»?

Este es un problema textual difícil, y hay manuscritos que favorecen una u otra cifra, aunque comentaristas serios y prestigiosos, como I. Howard Marshall y otros, indican que el texto griego de Lucas mejor documentado favorcce ligeramente el número setenta y dos. Por eso las versiones actuales de la Biblia prefieren «setenta y dos».

También los comentaristas están divididos: unos dicen que Jesús pudo estar pensando en los 70 ancianos revestidos del Espíritu de Moisés (Números 11:16–24). Otros ven aquí una alusión a los doce (72 es un múltiplo de 12) apóstoles, que representan al pueblo de Dios en el Nuevo Testamento, como las doce tribus representaron al mismo pueblo en el Antiguo Testamento. Por otra parte se arguye que si se trata de un error de trascripción del texto por algún copista, es más fácil que éste hubiera redondeando el número en 70 y no al contrario.

LUCAS 17:36
¿Dónde está este versículo en la *NVI*?

Está en las notas al pie de página; aunque virtualmente está ausente de todos los manuscritos griegos antiguos. Como lo hemos señalado en otros casos, probablemente un escriba posterior lo insertó aquí trayéndolo de Mateo 24:40. Versiones tradicionales, aunque lo traducen así, colocaron en su primeras ediciones una nota señalando que este texto faltaba en los manuscritos griegos más antiguos.

LUCAS 23:17
¿Qué le sucedió a este versículo?

Está en las notas al pie de página. Sin embargo, no aparece en muchos manuscritos griegos antiguos (incluyendo el muy importante *Papiro 75*, que data desde cerca del 200 a.C.). Evidentemente fue añadido aquí más tarde asimilándolo de Mateo 27:15, de Marcos 15:6 o de ambos.

Nota importante

Como hemos señalado antes, esta costumbre de insertar textos en un evangelio trayéndolos de otros, por parte de copistas inescrupulosos que quisieron uniformar el

texto, se dio con frecuencia y ha obligado a la crítica
textual al estudio meticuloso de las fuentes textuales.
Ejemplos de los mismos los tenemos además de los
casos que estamos tratando aquí, en Mateo 17:21
(prestado de Marcos 9:29); Mateo 18:11 (tomado de
Lucas 19:10); Mateo 23:14 (prestado de Marcos 12:40 y
de Lucas 20:47); Marcos 11:26 (de Mateo 6:15); Marcos
15:28 (de Lucas 22:37 o Isaías 53:12); Lucas 17:36 (de
Mateo 24:40); y Lucas 23:17, que es nuestro caso,
tomado de Mateo 27:15 o Marcos 15:6. De hecho, casi
todo texto que es desplazado del texto griego actual,
después de un estudio extenso e intenso de los mejores
manuscritos que poseemos, es «una copia», de otro texto
que se halla en alguna otra parte del texto griego del
Nuevo Testamento. Esto muestra que no es justo acusar
a los traductores de que tienen su propia «agenda» o
intención teológica, al señalar esta anomalía. Su única
intención es la de entregarnos el mejor y más puro texto
bíblico, traducido de las mejores recensiones o
compilaciones griegas y hebreas construidas con los
mejores, más antiguos y confiables manuscritos entre
los miles que hoy poseemos.

JUAN 3:13
**¿Por qué la *NVI* no tiene la cláusula «que está en el
cielo» al final de este versículo? ¿Están los
traductores opuestos a la omnipresencia de Cristo?**

La *NVI* sí tiene la cláusula en la nota al pie de página.
Sin embargo, esta frase no se encuentra en ninguno de
los manuscritos griegos más antiguos. La omnipresencia
y la omnisciencia de Cristo se enseñan claramente en
muchos otros pasajes del Nuevo Testamento, que la *NVI*
traduce clara y fielmente, por ejemplo en 1:48 y 4:29 en
este mismo evangelio. Véanse también Mateo 16:21,
Lucas 6:8 y 11:17.

JUAN 5:2
**¿Por qué la *NVI* interpreta el vocablo «hebreo» como
«arameo» en Juan y en Hechos, pero deja «hebreo»
en Apocalipsis?**

Los traductores deben considerar cuidadosamente el
contexto socio-lingüístico al interpretar y traducir el

significado de cada palabra en el idioma original, en este caso el griego. En Juan 5:2, 19:13, 19:17 y 20:16 se usan las formas gramaticales arameas, y de ahí el uso del vocablo arameo (un lenguaje semítico estrechamente relacionado con el hebreo, y el más comúnmente hablado en ese tiempo por los judíos en la tierra de Israel). En efecto el arameo era considerado la lengua de los hebreos. En Juan 19:20 la traducción arameo hace que Juan sea consistente en el uso del vocablo en su mensaje a los judíos.

En Hechos 21:40; 22:2 y 26:14 hay menos certeza porque no aparece ningún vocablo arameo; por eso se señala en las notas al pie de página la posibilidad de que se entienda hebreo. Para muchos el arameo no es más que un dialecto hebreo.

En Apocalipsis 9:11 y 16:16, los traductores de la *NVI* usaron la palabra «hebreo», respetando el contexto, ya que las palabras *abadón* y *armagedón* son hebreas. Los léxicos griegos reconocen «arameo» como parte de una extensión semántica del vocablo hebreo. De modo que cuando se habla de «arameo» de alguna manera se implica la lengua «hebrea».

JUAN 5:4
¿Dónde está este versículo en la *NVI*?

Está en la nota al pie de página. Sin embargo, los versículos 3b–4 no se encuentran en ninguno de los manuscritos o papiros griegos más antiguos; y aun manuscritos más recientes los señalan como espurios. Fueron sin duda insertados por un copista posterior para explicar por qué gran número de personas esperaban alrededor del estanque, aunque ciertamente esta glosa no aparece en el texto original.

JUAN 6:47
¿Por qué la *NVI* no dice «cree en mí», como la RVR?

Los papiros y manuscritos griegos más antiguos no tienen la expresión «en mí». Lo que uno esperaría de un copista posterior es que haya provisto un objeto en el cual creer —en este caso— haciendo explícito lo que está implícito en el texto. De cualquier manera, el objeto de fe que se intentó dar, añadiendo la expresión «en mí», se desprende claramente del contexto.

HECHOS 1:18
¿Cómo puede conciliarse este versículo con Mateo 27:3, 5 y 7?

Los diferentes relatos de la muerte de Judas son suplementarios y complementarios, no contradictorios. Cuando este versículo dice «Judas compró un campo», esto significa que lo compró indirectamente. Lo que en último término significa es que el dinero que Judas devolvió a los sacerdotes (Mt 27:3), y que legalmente era suyo, se usó para comprar el campo del alfarero (Mt 27:7). Los Hechos también dicen que Judas «cayó de cabeza», mientras que Mt 27:5 indica que él se ahorcó. Ambas cosas pueden ser ciertas. Parece que cuando el cuerpo finalmente cayó, ya sea por causa de descomposición o porque alguien lo cortó, «se reventó y se le salieron las vísceras».

HECHOS 2:27
¿Por qué los traductores de la *NVI* interpretan «sepulcro» del griego, en lugar de «Hades»?

Este versículo está citando el Salmo 16:10, donde la *NVI* traduce el vocablo hebreo *she'ol* como «sepulcro». Este significado está aquí en el libro de los Hechos, en franco paralelismo con el versículo citado en el Salmo 16. La *NVI* hace un llamado, con un asterisco en la palabra sepulcro, al glosario, donde se explica que este término viene del hebreo *she'ol*, que en el pensamiento hebreo significaba lugar donde iban los muertos luego de ser enterrados. Otros términos sinónimos de *she'ol* son abismo, fosa, tumba y sepulcro. Esta palabra se usa con frecuencia paralela a otro término hebreo (*qeber*), que claramente significa «sepulcro».

Los traductores de la *NVI* pensaron que de acuerdo con el contenido total del Salmo 16, y a la aplicación que Pedro hace del mismo a la resurrección de Cristo en el libro de los Hechos, la traducción más adecuada es sepulcro. Dejan sin embargo abierta la posibilidad de otra interpretación, en la nota al pie de página.

Por otra parte, la palabra «corrupción», que es parte del mismo versículo, sólo puede referirse a un cadáver o cuerpo inerte que se corrompe en el sepulcro. Todo este pasaje (16:9–11) describe el gozo de la total seguridad que el salmista tiene en el Dios que le da vida y cuida de ella, gratuita y amorosamente. Ese Dios es el Señor en quien encuentra refugio: lo conducirá por senderos seguros en esta vida y no lo abandonará, dejándolo en la tumba. Es la afirmación de la fe, confianza y seguridad de que ni siquiera el sepulcro podrá despojarlo de la vida. (Véase Salmo 17:15 y 73:24.) Por eso Pedro puede aplicar este salmo con toda propiedad a la resurrección de Cristo. (Véase además Hechos 13:35.)

HECHOS 2:29, 3:18–19, 21
¿Por qué la *NVI* no incluye las palabras: «varones» (2:29), «por boca de» (3:18, 21) y «presencia» (3:19)?

En su comentario sobre el texto griego de los Hechos, el muy reconocido biblista F.F. Bruce señala que *andres adelphoi* (2:29) es una expresión idiomática griega que significa solamente «hermanos». (Nótese que no hay conjunción «y» entre las dos palabras.) «Por boca de» (3:18, 21) también es otra frase idiomática que se interpreta como «por medio de» o «a través de» en la *NVI*. Cuando *prosoopon*, «presencia» (3:19) está regida por una preposición, como ocurre aquí —«de parte de»— no puede traducirse literalmente sin oscurecer su significado, como ocurre con la traducción tradicional (RVR): «*para que venga de la presencia del Señor tiempos de refrigerio*».

¿Quién habla hoy así? ¿No suena más claro y natural decir, como traduce la *NVI*: «...*a fin de que vengan tiempos de descanso de parte del Señor*»? Estamos frente a expresiones idiomáticas, que no pueden ni deben traducirse literalmente, sin ser infieles a su significado. Por el contrario, debe buscarse la expresión equivalente en el idioma receptor que nos trasmita claramente el significado del texto original, pero en las categorías semánticas de la lengua receptora. De este modo seremos más fieles al pensamiento de Quien revela e inspira la Escritura.

HECHOS 3:26 y 4:27, 30
¿Por qué la *NVI* dice «su siervo» en lugar de «su Hijo»?

La palabra griega aquí puede significar «siervo» o «Hijo». La mayoría de los eruditos prefieren usar «siervo» en este contexto. Pedro llama a Jesús «siervo de Dios» aquí y en 3:13, lo que parece ser una forma corriente para identificar a Cristo. (Véase 4:27, 30.) Pedro toma esta terminología del Antiguo Testamento que identifica a Jesús con el «siervo doliente o sufriente de Isaías» (52:13—53:12). El nombre «Jesús», por otra parte, no se encuentra en Hechos 3:26, en ninguno de los manuscritos más antiguos; aunque sí aparece en 4:27, 30.

HECHOS 8:37, 15:34
¿Dónde están estos versículos en la *NVI*?

Las versiones más actualizadas de la Biblia no tienen estos pasajes. La *NVI* los tiene en una nota al pie de página; pero seguramente nunca estuvieron en los originales. Hechos 8:37 es un ejemplo de muchos textos que heredamos de la Vulgata, una versión del siglo IV d.C. hecha por San Jerónimo. Los pocos manuscritos griegos que lo tienen son todos posteriores al siglo VI d.C. Es decir, que este pasaje, por hermoso y significativo que nos parezca, no lo encontramos en ningún manuscrito griego anterior al siglo VI. Erasmo, al preparar su Nuevo Testamento griego, lo sacó de la Vulgata, y las versiones tradicionales antiguas lo tomaron de allí. Parece ser una glosa o comentario litúrgico introducido al texto latino de la iglesia de Occidente, como parte de la ceremonia bautismal. En cuanto a Hechos 15:34 está ausente de todos los manuscritos y papiros griegos.

Se comprende que es doloroso desprendernos de pasajes que consideramos correctos, importantes y a veces emocionalmente significativos, porque los hemos usado por años. Y que es fácil atacar con ligereza a quienes nos dicen que nunca estuvieron en la Biblia, y que por lo tanto deben salir del texto bíblico. Pero la pregunta no es si nos gusta o si nos parece importante, sino,

¿escribió Lucas de verdad este texto o pasaje? Y la
investigación textual, representada por los eruditos, nos
responden: ¡No!, porque no aparece en ningún
manuscrito o papiro antiguo, anterior al siglo VI. Es el
caso de estos dos pasajes y otros que las versiones
recientes de la Biblia no tienen, por carecer de una
base textual seria.

HECHOS 9:5-6
**¿Qué sucedió con las palabras de Jesús al final del
versículo 5, «Dura cosa te es dar coces contra el
aguijón», y la pregunta de Pablo al principio del
versículo 6, «Señor, ¿qué quieres que yo haga?»**

Ninguna de ellas se encuentran en manuscrito griego
alguno. Sólo aparecen en algunos manuscritos latinos y
la Vulgata, además de otras fuentes no griegas.
Aparentemente, pensando que las palabras se habían
perdido del texto griego por accidente, Erasmo las volvió
a traducir en su edición del Nuevo Testamento griego en
1516. Así, pues, vinieron a formar parte del *textus
receptus*, y por ende de las versiones, como RVR, que
siguieron ese texto. Tanto las palabras de Jesús como
la pregunta de Pablo arriba señaladas probablemente
fueron añadidas aquí (9:5-6), en manuscritos de la
Vulgata antigua, trayéndolas de Hechos 26:14 y 22:10
respectivamente, donde sí aparecen, con fuerte apoyo
de los manuscritos griegos. Por eso la *NVI* las tiene en
esos lugares.

HECHOS 16:18
**¿Por qué la *NVI* dice «en aquel mismo momento» en
lugar de «en esa misma hora»?**

Aquí la palabra «hora» no debe entenderse literalmente
como un lapso de 60 minutos. Más bien, en su contexto
implica claramente un sentido de inmediatez, como
sucede también en 22:13; Lucas 22:38; 20:19 y 24:33.
Además, la traducción de la *NVI* va mucho mejor con
nuestra manera de hablar el español.

HECHOS 17:26
**¿Por qué la *NVI* no dice «de una sola sangre», sino «de
un solo hombre»?**

Todo indica que la palabra «sangre» no estuvo en los
originales, ya que ninguno de los manuscritos y papiros
griegos más antiguos la tienen. Evidentemente se trata
del origen del género humano que salió de un solo
hombre. Otras versiones traducen «de un solo principio»,
«de uno solo», etc.

HECHOS 24:7, 28:29
¿Qué le sucedió a estos versículos?

Se han colocado en nota al pie de página. Los vv. 6b–8a
no aparecen en ninguno de los manuscritos griegos o
papiros ni en otras fuentes serias de evidencia textual.
Lo mismo debe decirse de 28:29.

ROMANOS 3:25
**¿Por qué la *NVI* traduce la palabra griega
hilast'rion como «sacrificio de expiación» en lugar
de «propiciación»?**

La *NVI* trataba de hallar algo más claro de entender para
la persona promedio de la congregación; sólo unas pocas
personas de la iglesia informadas teológicamente
entenderían lo que significa la «propiciación». Además,
sabiendo que Jesús echaría a un lado la ira de Dios al
quitar el pecado, la *NVI* ofrece una de las presentaciones
más completas, claras y exactas del concepto bíblico de
la propiciación disponible en comparación con otras
traducciones.

ROMANOS 7:5
**¿Por qué la *NVI* traduce la palabra griega *sarx* como
naturaleza pecaminosa en lugar de carne, aquí y en
otros pasajes?**

La palabra *sarx* se usa con muchos significados tanto
físicos, como figurados o simbólicos. Si se toma sólo
como algo físico, la traducción correcta puede ser carne
o cuerpo en la mayoría de los contextos. Para el
significado figurado mucho más amplio traducir carne o
cuerpo no es suficiente, porque no agota todo su
significado; es mejor traducir, como lo hace la *NVI*,
naturaleza pecaminosa. Sin embargo, la *NVI* ofrece
anotaciones al pie de página con la traducción más

literal. El doctor Ronald Youngblood, eminente biblista y autor de muchos libros sobre el texto y la exégesis bíblica, y miembro del equipo de traductores de la *NVI* y la *NIV*, anota:

Para interpretar la palabra griega sarx *como carne cada vez que aparece en la Biblia, no se requiere de un traductor; basta con un diccionario, o mejor aún, una computadora que traduce automáticamente. Pero para reconocer que* sarx *tiene diferentes significados y connotaciones en diferentes contextos, que además de carne frecuentemente significa criterios humanos o descendencia terrenal, o naturaleza pecaminosa o impulso sexual y aun persona, etc., se necesita un dominio de los idiomas bíblicos, conocimiento de los contextos antropológicos, sociales, históricos y culturales, que le dan sentido al texto, y un manejo inteligente de los recursos exegéticos y hermenéuticos. El uso de todos estos recursos permite al traductor experto buscar formas creativas y variadas, según se lo permitan la lengua original y la lengua receptora, para verter el mejor significado de la palabra o expresión bíblica, que en este caso es* sarx. *El buen traductor sabe que la traducción no es sólo un ejercicio mecánico, o un proceso de traducir palabra por palabra, sino principal y fundamentalmente una transmisión de pensamiento por pensamiento, con todos sus matices y contenidos. La traducción literalista, «palabra por palabra», puede ser que muestre mucho respeto por la forma de la lengua original; pero descuida frecuentemente el sentido y contenido del mismo. Y al así hacerlo, descuida la forma y el sentido de la traducción en la lengua receptora. Todo esto es muy importante para que el lector entienda claramente en el lenguaje de hoy lo que el autor bíblico quiso decir en su propia lengua siglos atrás, cuando se compuso el texto. Y qué es lo que hay detrás de las simples palabras y su significado literal.*

ROMANOS 8:1
¿Por qué la última parte de este versículo («los que no andan conforme a la carne, sino conforme al Espíritu») no aparece en la *NVI*?

Esta frase aparece en la nota al pie de página. Sin embargo, los manuscritos griegos más antiguos del

Nuevo Testamento que hoy poseemos no la tienen aquí.
La mayoría de los eruditos creen que un copista
posterior la insertó aquí, trayéndola del versículo 4,
donde sí aparece. Los manuscritos y fuentes de
evidencia textual más antiguos muestran sólidamente
que es éste el lugar que le corresponde a esta frase. Y
leyendo con cuidado todo el pasaje y su contexto,
descubrimos que tiene mejor sentido, al final del
versículo 4, y no donde la tienen algunas versiones
tradicionales.

ROMANOS 13:8
¿Por qué la *NVI* traduce «No tengan deudas pendientes con nadie», en lugar de «No debáis a nadie nada»?

Algunos arguyen que nadie debe incurrir en una deuda
de ningún tipo por razón alguna. Ellos intentan
justificar ese ideal citando la interpretación que algunas
versiones hacen al traducir este versículo: «No debáis a
nadie nada» (RVR). La traducción en la *NVI* que usa el
tiempo presente del verbo griego aquí está más clara y
más exacta: «No tengan deudas pendientes con nadie».
El comentario sobre el libro de Romanos de Everett F.
Harrison ofrece un tratamiento bueno y equilibrado de
esta última interpretación:

*Esta traducción tiene la ventaja de evitar el peligro de dar
una falsa impresión como la que podría ser «No debáis a
ningún hombre nada». Si el consejo bíblico fuera de que
nunca debemos adquirir deudas, el Señor no hubiera
dicho: «Al que quiera tomar de ti prestado, no le vuelvas
la espalda» (Mt 5:42). Por otra parte, estar perpetuamente
en deudas no es un buen testimonio para un creyente, y
rehusar el cumplir nuestras obligaciones es indignante.
Ahora viene la excepción a la regla. Hay una continua
deuda «de amarnos los unos a los otros». Uno nunca
puede decir que la ha pagado completamente.*

ROMANOS 16:24
¿Qué sucedió con este versículo?

Aunque lo tenemos en la nota al pie de página, no se
encuentra en ninguno de los papiros o manuscritos
griegos más antiguos.

1 CORINTIOS 7:1

¿Por qué la *NVI* traduce en este pasaje «Es mejor no tener relaciones sexuales», en lugar de «... bueno le sería al hombre no tocar mujer ...»? ¿Creen ustedes que Pablo favorece aquí el celibato en contra del matrimonio?

La traducción literal de este pasaje, «no tocar mujer», crea más confusión que claridad sobre el sentido de la frase, que no es ciertamente que es malo para el hombre en toda circunstancia tocar mujer, o casarse. ¿Qué haríamos con los casados?

Pablo sencillamente responde a la consulta de la iglesia de Corinto, (donde se estaban presentando ciertos problemas graves de inmoralidad), de si «es conveniente para un hombre no tener relaciones sexuales (o casarse)». Aparentemente Pablo parece estar de acuerdo con los que favorecen el celibato (no casarse, «no tocar mujer»), en contraste con la enseñanza del Génesis 2:18: «No es bueno que el hombre esté solo» y de la costumbre judía que favorece siempre el matrimonio. Pero la afirmación de Pablo (7:1) no puede tomarse en forma absoluta.

El mensaje de Pablo tiene que ver con la situación de crisis que se estaba presentando en Corinto. (Léase 1 Corintios 7:25–39.) Había un desenfreno sexual que afectaba aun a las parejas. Pablo aconseja que por el momento es mejor que los hombres se abstengan de relaciones sexuales y aún en el matrimonio; este es el sentido que recoge la *NVI*.

Es difícil siquiera pensar que Pablo enseña aquí contra el matrimonio, porque siente que se avecina la segunda venida de Cristo, como algunos afirman. Si así fuera, habría enseñado lo mismo en otras de sus cartas. Y es exactamente lo contrario: en Efesios 5 y 1 Timoteo 3, habla claramente en favor del matrimonio. En 1 Timoteo 4:1–3, Pablo establece que prohibir el matrimonio es uno de los signos de apostasía; y en Hebreos 13:4, se afirma que todos deben tener «en alta estima el matrimonio».

El versículo 7:2 explica claramente que «cada hombre debe tener su propia esposa, y cada mujer su propio esposo». Pero «en vista de tanta inmoralidad» (aquí la palabra griega es *porneia*, y está en plural para significar toda clase de inmoralidad sexual), es mejor abstenerse de las relaciones sexuales por el momento, si es que casarse o tenerlas, aun en el matrimonio, va a llevar a situaciones anormales de los casados, que conduzcan a la clase de inmoralidades que están ocurriendo en Corinto. Por otra parte Pablo da instrucciones acerca de la actitud sexual normal que los esposos deben cultivar (véase 7:3–6); y claramente se muestra en favor de las relaciones sexuales normales entre los esposos y opuesto a un ascetismo forzado.

EFESIOS 1:3
¿Por qué la *NVI* dice «Alabado sea» en lugar de «bendito»?

El verbo «bendecir» se usa comúnmente para la acción de un superior hacia un inferior. Véase lo que dice el autor de Hebreos: «*Es indiscutible que la persona que bendice es superior a la que recibe la bendición*» (Hebreos 7:7). Para evitar la noción de un inferior (el humano) «bendiciendo» al superior (Dios), usamos el verbo «alabar» la mayoría de las veces cuando es Dios el objeto de la acción. Es cierto que la palabra «bendecir» en español puede algunas veces significar «alabar», pero este uso es poco común hoy día.

FILIPENSES 1:16–17
¿Por qué estos versículos están en orden inverso?

El orden en que aparecen en algunas Biblias tradicionales, como Reina Valera, no es el que muestran los manuscritos griegos más antiguos del Nuevo Testamento. Lo que han hecho la *NVI* y otras muchas versiones actuales de la Biblia es restablecer el orden que presenta el texto griego en sus fuentes más antiguas y autorizadas. De todos modos, sea cual fuera la secuencia, el significado final del pasaje es el mismo.

COLOSENSES 1:14
¿Por qué falta en este versículo la frase «por su sangre»? ¿Están los traductores tratando de despreciar la sangre de Cristo?

Primero, sólo unos pocos manuscritos griegos tardíos dicen «por su sangre». Por eso las versiones más recientes de la Biblia no tienen esta frase aquí. Lo más seguro es que un copista posterior, tratando de uniformar el texto por su cuenta, insertó la frase aquí, trayéndola de Efesios 1:7, donde la lectura es claramente genuina con base fuerte en los manuscritos más antiguos.

En segundo lugar, no hay riesgo de desprecio por la sangre preciosa de nuestro Salvador. La *NVI* lo atestigua en numerosos pasajes. Si los traductores de la *NVI* intentaran despreciar la sangre de Cristo no hubieran retenido la referencia a la sangre de Cristo en Efesios 1:7 y en muchos otros pasajes. (Véase en la *NVI*: Mt 26:28; Mc 14:24; Rom 3:25, 5:9; Ef 2:13; Col 1:20; Heb 9:12; 1 Pe 1:19; 1 Jn 1:7; Ap 1:5, 5:9 y muchos más.)

COLOSENSES 4:10
¿Qué es lo correcto: el «primo» o el «sobrino»?

Los traductores de la RVR entendían la palabra griega aquí (*anepsios*) en el sentido de «sobrino», pero ahora sabemos que esta palabra griega no llevó esa connotación sino mucho después del tiempo del Nuevo Testamento. En el siglo I, cuando se escribió el Nuevo Testamento, «*anepsios*» significaba «primo» y no «sobrino». La misma palabra griega también se usó en la traducción de la Biblia llamada de los LXX o Septuaginta (siglos II y II a.C.). (Véase Números 36:11.)

1 TESALONICENSES 4:4
¿Por qué la *NVI* dice «controlar su propio cuerpo» en lugar de «tener su propia esposa»?

Hemos ayudado adecuadamente al lector ofreciéndole tres posibles significados de la frase en griego: «controlar su cuerpo», en el texto principal; «trate a su esposa» (véase la nota al pie de página); o «consiga esposa» (también en la nota al pie de página).

1 TIMOTEO 2:7
¿Qué sucedió con la palabra «verdad» aquí?

La construcción gramatical griega de dos nombres o
sustantivos unidos por una conjunción se traduce mejor
muchas veces como un sustantivo calificado por un
adjetivo. Así «fe y verdad» se traduce mejor por «fe
verdadera» o «verdadera fe», como lo hace la *NVI*.

HEBREOS 9:3–4
**¿Por qué la *NVI* traduce: «el altar de oro para el
incienso» y no «un incensario»? ¿Concuerda esto
con la situación del altar del incienso según el
Antiguo Testamento?**

El texto griego aquí significa «el altar de oro para el
incienso»; sin embargo, el lenguaje de este versículo tal
vez está influenciado más por la función ceremonial que
por la localización misma del altar. (Véase Éxodo 30:6 y
40:5.) En efecto, el altar del incienso se describe como si
estuviera dentro del Lugar Santísimo, debido a su
proximidad. En realidad estaba fuera del Santo de los
Santos, frente a la cortina de entrada. Durante el ritual
del Día de la Expiación, el sumo sacerdote tomaba de
este altar el incienso ardiente, (aquí sí en un incensario),
y lo trasportaba hacia el lugar Santísimo de manera que
el humo de éste cubriera el «propiciatorio», para proteger
al sacerdote de la muerte (Lv 16:12–14). Nótese que la
NVI es consecuente en traducir «altar de oro para el
incienso» en Éxodo y Hebreos, cuando otras versiones
no lo son.

HEBREOS 11:11
**¿Por qué en este texto en la *NVI* aparece Abraham
como el protagonista de la fe, cuando en otras
versiones, como la RVR, es Sara?**

Como lo indica la anotación, el significado del texto
griego de este versículo no es muy claro; y los eruditos
biblistas y exégetas discuten sobre el mismo. De
acuerdo con la tradición bíblica, Abraham se identifica
siempre como el «hombre de fe». En el texto principal la
frase que alude a la esterilidad de Sara es parentética.
Es decir que se introduce como un paréntesis dentro del
texto. F.F. Bruce señala que el problema mayor es que la
expresión griega que algunas versiones como RVR
traducen «para concebir», no significa eso. Se refiere más

bien al papel del padre en el proceso generativo. Una traducción literal sería «para depositar el esperma», lo que evidentemente se refiere a Abraham.

2 PEDRO 3:10
¿Por qué la *NVI* dice «ladrón» solamente en lugar de «ladrón en la noche»?

La frase «en la noche» no aparece en ninguno de los papiros y manuscritos griegos más antiguos. En cambio la frase completa, «como ladrón en la noche», sí aparece en 1 Tesalonicenses 5:2, respaldada por los manuscritos más antiguos y autorizados; la *NVI* lo tiene así. Lo más probable es que un copista posterior quiso completar o uniformar el texto, trasportando la frase «en la noche» de 1 Tesalonicenses 5:2 a aquí en 2 Pedro 3:10.

1 Juan 5:7b–8a
¿Por qué la *NVI* no incluye las palabras adicionales del final del versículo 7 y las del principio del versículo 8?

Las palabras «Porque tres son los que dan testimonio en el cielo: el Padre, el Verbo y el Espíritu Santo; y tres son los que dan testimonio en la tierra...» están entre las más pobremente atestiguadas de todos los versículos disputados en el Nuevo Testamento y en el *textus receptus,* de donde las sacaron las versiones tradicionales. Hoy todos los expertos están casi unánimemente de acuerdo en que es una interpolación o añadidura al texto original. En efecto, estas palabras no se encuentran en ningún manuscrito griego hasta el siglo XVI, y la mayoría de los eruditos están de acuerdo en que se trata de una adición muy tardía al texto que por honestidad hacia el lector y respeto al texto de la Biblia debe retirarse del mismo, para conservar su integridad.

Por otra parte no debemos temer que la doctrina de la Santísima Trinidad se vea afectada. Esta doctrina está firmemente respaldada en decenas de textos bíblicos y no necesita el respaldo de un texto que evidentemente nunca fue parte de los originales del Nuevo Testamento.

Para mayor información sobre este tema véase el artículo sobre la coma juanina en este mismo libro.

La coma juanina, 1 JUAN 5:7–8
«Porque tres son los que dan testimonio en el cielo: el Padre, el Verbo y el Espíritu Santo; y estos tres son uno. Y tres son los que dan testimonio en la tierra....»

Este es uno de los textos más controvertidos del Nuevo Testamento, tal como aparece en la recensión o compilación griega del mismo hecha por Erasmo de Rotterdam, que luego tomó el nombre de *textus receptus*.

Quizás sin mucho conocimiento de cómo llegó este pasaje de 1 Juan a nuestras Biblias tradicionales, muchos acusan a las versiones más recientes de la Biblia, que en su mayoría no lo tienen, de estar alterando el texto bíblico y atentando contra la integridad de la doctrina de la Santísima Trinidad. Aclaremos primero, que la doctrina de la Trinidad está firmemente asentada en multitud de textos de las Sagradas Escrituras, que pueden leerse en todas las versiones antiguas y modernas. No hay tal, pues, que se esté buscando atentar contra esta doctrina. En realidad la doctrina de la Trinidad no necesita ser respaldada por un texto «dudoso», por decir lo menos, como es 1 Juan 5:7–8.

La historia de cómo este pasaje llegó a las versiones a las que nos estamos refiriendo es interesante e instructiva. Cuando se publicó la primera edición del Nuevo Testamento griego de Erasmo, este pasaje no apareció en el texto. La razón era sencilla: no fue encontrado en ningún manuscrito griego de la primera carta de Juan examinado por Erasmo. Aparecía sólo en la Vulgata. Erasmo pues, actuando correctamente, pensó que no debía incluir el pasaje, no respaldado por manuscrito griego alguno del Nuevo Testamento; y en su lugar colocó una nota que decía: «*Sólo encuentro en el códice griego, acerca del triple testimonio lo siguiente: "porque hay tres testigos, espíritu, agua y sangre"*».

Su decisión de apoyarse sólo en el texto griego y no en el texto de la Vulgata le causó ataques de algunos de sus contemporáneos, como Diego López Zúñiga y Edward Lee. En su respuesta a este último, Erasmo lo desafió a que «produjera un manuscrito griego que mostrara el pasaje retirado». Apareció de manera sorpresiva un manuscrito irlandés, que hoy se conoce con el nombre de *Codex montfortianus*, que se puede ver en el Trinity College de Dublín. Este manuscrito es considerado altamente sospechoso, y hoy en día muchos afirman que fue creado de propósito en la casa de los Frailes Grises, cuyo abad provincial, Henry Standish, fue un acerbo enemigo de Erasmo.

Hoy en día es casi generalmente admitido por los expertos de que se trata de una «falsificación» y que en realidad este pasaje nunca perteneció al texto original del Nuevo Testamento. Ningún manuscrito griego antiguo lo tiene. Los pocos manuscritos que lo tienen son muy tardíos, y la mitad de estos lo tienen no dentro del texto, sino en una nota al margen.

APOCALIPSIS 22:19
¿Qué expresión es la correcta, «árbol de la vida» o «libro de la vida»?

La mayoría de los manuscritos griegos, los más respetables y más antiguos, tienen «árbol de la vida». Algunas versiones, como la RVR, siguen el texto griego de Erasmo, quien al momento de hacer su primer Nuevo Testamento en 1516, no encontró ningún manuscrito griego completo del libro del Apocalipsis y debió retraducir la última parte del mismo de la Vulgata latina, versión hecha por San Jerónimo en el siglo IV. Erasmo posteriormente corrigió de «libro» a «árbol», pero la edición griega que perduró fue la que contiene «libro». Hoy pocos dudan que el texto original fue «árbol de la vida».

La expresión «árbol de la vida» se menciona varias veces en el Apocalipsis, asociada con la «ciudad de Dios», como ocurre en el texto que estamos considerando. En las cartas a las siete iglesias, el «árbol de la vida» es prometido a los que salgan vencedores (2:7); estos participarán también de la «ciudad de Dios» (3:12). En la parte final del Apocalipsis, se describe la Nueva

Jerusalén (21:2–27) y «el árbol de la vida» es colocado al
lado del «río de agua viva» que corre por medio de la
ciudad (22:2). Las «hojas de este árbol son para la salud
de las naciones». En contraste con el castigo temporal de
las plagas, al que se refiere el versículo 22:18, para los
que añadan algo a la profecía del libro, la exclusión del
árbol de la vida y de la ciudad santa debe considerarse
como un castigo eterno, para los que sustraigan algo del
mensaje del mismo.

En el resto de la Biblia encontramos la misma
expresión «árbol de la vida», con sentido escatológico,
tal como lo usa Juan: véase por ejemplo Génesis 2:9 o
Ezequiel 47:12.

Ya que sólo unos pocos manuscritos griegos tardíos,
posteriores al siglo XII d.C. dicen «libro de la vida», los
traductores de la *NVI* prefirieron la traducción «árbol de
la vida», expresión que sí está respaldada por los más
autorizados manuscritos griegos antiguos. Lo mismo
hacen la mayoría de las versiones más actualizadas de
la Biblia. Los traductores de algunas versiones
tradicionales aparentemente siguieron la dicción de la
Vulgata latina de San Jerónimo, más bien que a la
evidencia de los manuscritos griegos. Para mayor
información, léase el artículo especial sobre este tema,
en este mismo libro.

-IX-

¿QUÉ BIBLIA DEBEMOS LEER?

Catalina Feser de Padilla

—¡Pero eso no es lo que dice la Biblia! —protesta un miembro del grupo de estudio bíblico, al escuchar la lectura del texto en una de las traducciones nuevas. —La Biblia dice ... —y procede a citar la bien conocida y amada versión Reina Valera, incluyendo el pronombre «vosotros» y sus formas verbales tan extrañas a oídos latinoamericanos modernos.

Es importante ese primer comentario. Para muchos la Biblia es solamente la traducción de Casiodoro de Reina publicada en 1569, revisada por Cipriano de Valera unos años después y con varias revisiones posteriores para actualizar el idioma castellano.

También son válidas otras preguntas: ¿Por qué hay diferentes traducciones de la Biblia? ¿Por qué se precisan versiones nuevas? ¿Cuál es la mejor? ¿Qué debemos leer y estudiar?

Confiamos que la lectura de este libro ha clarificado estas inquietudes. Queremos, sin embargo, insistir sobre algunas de ellas. Comenzando con la última pregunta sobre qué Biblia debemos leer, nuestra respuesta es: *Debemos usar todas las versiones que tengamos a la mano.*

El cristiano que quiere conocer y comprender las enseñanzas bíblicas no debe conformarse con una sola versión, sino aprovechar los resultados del trabajo de muchos estudiosos de la Biblia que se han dedicado a la tarea de poner el texto bíblico a disposición del lector en su propio idioma. ¿Por qué?

En primer lugar, como lo hemos visto en varios de los artículos de este libro, está la cuestión del texto original:

¿Cuáles son los manuscritos antiguos, en hebreo, arameo y griego, que se traducen al castellano? Aunque ya no existen los manuscritos originales de Isaías, Marcos o Pablo hoy día, en muchos lugares —en museos, bibliotecas y universidades de varios países— se encuentran manuscritos muy antiguos de la Biblia. En el caso del Nuevo Testamento, más de 5.000 manuscritos existen, entre los que forman parte de Biblias enteras y fragmentos de papiro con pocas letras del texto, incluyendo unos pocos que vienen de los siglos II, III y IV. Estos manuscritos, aunque son copias de copias de copias del original, nos llevan a un periodo bastante cercano a la fecha de los escritos originales.

Las traducciones recientes, incluyendo la *Nueva Versión Internacional*, aprovechan los resultados del estudio de estos manuscritos antiguos, muchos de ellos descubiertos sólo durante el último siglo. Algunos de estos manuscritos no se conocían en el tiempo de Reina y Valera, que tradujeron el texto griego de Erasmo. Las traducciones modernas aprovechan los resultados de la crítica textual, el cuidadoso estudio científico de los manuscritos con miras a establecer el texto hebreo, arameo o griego más cercano al original, para que los traductores vuelquen este texto a los idiomas modernos. Los resultados del estudio de los manuscritos muestran que hay relativamente muy pocas diferencias, y ninguna de importancia teológica, entre los manuscritos. Y al estudiar una de las versiones modernas, como la *Nueva Versión Internacional*, podemos estar bastante seguros de que el texto que estamos leyendo es una traducción de lo que el autor (profeta, apóstol, etc.) escribió hace siglos.

Para volver a nuestro planteo original, una razón de la diferencia entre una versión moderna y la Reina Valera puede ser que la moderna (la *Biblia de Jerusalén, Dios habla hoy*, la *Nueva Versión Internacional*, etc.) traduce un texto hebreo o griego basado en manuscritos muchos más antiguos, más cercanos a los originales.

En segundo lugar está la cuestión de la traducción en sí: ¿Cómo entendieron los traductores el texto? ¿Qué vocabulario usaron? ¿Cuál fue su filosofía y estilo de traducción? ¿Había un solo traductor, o trabajó todo un grupo? Una vez establecido el texto, comienza la tarea de traducción. Si no podemos leer el idioma original dependemos de las traducciones, y los que usan dos idiomas reconocen lo difícil que a veces resulta encontrar en el segundo idioma una palabra que traduzca exactamente lo que se dice en el primero. La tarea es aún más difícil cuando el primer idioma ya no se habla, como es el caso de los idiomas de la Biblia, escrita en lenguas de pueblos que vivieron hace mucho tiempo. Los idiomas cambian; muchas palabras van adquiriendo un sentido diferente al original, y en el texto bíblico hay expresiones cuyo significado no entendemos bien. Lo más probable es que los primeros lectores las entendieron porque ese era su idioma, pero nosotros no, porque nos faltan ejemplos adicionales de su uso.

Además, una palabra puede tener toda una gama de significados que dependen de los diferentes contextos en que se usa; a nosotros muchas veces nos falta ese contexto que da vida al texto. Ninguna traducción capta todo el significado de una palabra, y toda traducción refleja la manera en que el traductor interpreta la expresión.

Al usar una sola traducción, nos limitamos a la comprensión del significado del texto que tenía el traductor; nos limitamos a su interpretación. Todo traductor, por bueno que sea, es producto de su cultura, su ambiente eclesiástico, su orientación teológica, las limitaciones de su día, etc. De hecho, su comprensión del texto, su interpretación influyen en su traducción. Y ningún traductor es infalible, aunque podemos afirmar que Dios en su soberanía ha protegido la traducción de la Palabra para que ésta nos comunique el mensaje que él quiere que sepamos.

Otro factor que entra en juego es la diferencia de niveles de vocabulario en las diferentes traducciones. Hay versiones más literarias, y otras más populares. Hay versiones para nuevos lectores que un niño o un recién alfabetizado puede comprender. Hay varias versiones que comunican mejor a la gente secularizada, otras que apelan a la gente acostumbrada al vocabulario religioso, otras que representan posiciones teológicas diferentes. Las variaciones muestran que toda traducción siempre depende de la interpretación. Además, hay traducciones individuales y hay trabajos de traducción de equipo, que garantizan mayor objetividad.

¿Cuál de todas las versiones debemos leer? ¡Todas! O casi todas —hay algunas versiones que dejan mucho que desear por buscar favorecer una tendencia doctrinal. Tenemos, sin embargo, una variedad de versiones muy objetivas y valiosas, y esto nos ayuda a conocer y comprender la Palabra de Dios para obedecerlo mejor. ¡Utilicemos toda esta riqueza con agradecimiento a Dios, porque Dios habla nuestro idioma! Y no sólo el idioma español del pasado de las versiones más viejas y tradicionales sino el idioma fresco, claro y contemporáneo de las versiones actualizadas y modernas como la *Nueva Versión Internacional*.

COMITÉ DE REDACCIÓN

Dr. Luciano Jaramillo Cárdenas, nacido en Colombia, se desempeñó como pastor en varias iglesias en su patria. A partir de 1979, desde México, y de 1982 desde Miami, dirigió el Departamento de Promoción, Información y Distribución de las Sociedades Bíblicas Unidas para las Américas. En 1990, la Sociedad Bíblica Internacional lo llamó para coordinar el proyecto de traducción al español, directamente de los originales hebreo, arameo y griego de la *Nueva Versión Internacional*. Profesor de Sagradas Escrituras en varios seminarios en América Latina y los Estados Unidos. Autor de varios libros. En la actualidad ejerce el cargo de Director de traducción y ministerios hispanos de la Sociedad Bíblica Internacional desde su sede en Miami. Además, es miembro del Consejo Pastoral de Editorial Vida y profesor del Centro de Estudios Teológicos del Sur de la Florida.

Dr. C. René Padilla, doctorado en Nuevo Testamento. Pastor, escritor y conferencista de fama internacional. Ha ejercido la docencia en varias instituciones de educación teológica, es director de la revista *Iglesia y Misión,* y del *Boletín Teológico de la Fraternidad Teológica Latinoamericana,* y ha escrito numerosos artículos y varios libros de interpretación bíblica y muchos otros temas. Actualmente se desempeña como secretario de publicaciones de la FTL y presidente de la Fundación Kairós de Buenos Aires.

Lic. Catalina Feser de Padilla, profesora de griego y exégesis bíblica en el Instituto Bíblico de Buenos Aires y otras instituciones cristianas. Directora del Programa de Educación Teológica a distancia, y Centro de Estudios Teológicos Interdisciplinarios. Escritora, traductora y editora, y cercana colaboradora de su esposo, el doctor René Padilla, en los diversos ministerios que desarrollan a través de Kairós y Orientación Cristiana.

Dr. Edesio Sánchez Cetina, doctorado en exégesis y teología bíblica, con énfasis en el Antiguo Testamento, consultor de traducciones de las Sociedades Bíblicas Unidas y profesor visitante en varias instituciones teológicas en México y Costa Rica. Autor de varios libros, entre ellos los Comentarios bíblicos del Deuteronomio y de los Salmos.

Dr. Moisés Silva, doctorado en Nuevo Testamento. Fue profesor de Westmont College por nueve años y del Westminster Theological Seminary por quince años. Ocupó además la cátedra de Nuevo Testamento Mary F. Rockefeller en el Gordon-Conwell Theological Seminary. Es autor de varios libros, entre los cuales se destacan *Biblical Words and Their Meaning* (ed. revisado 1994), un comentario sobre Filipenses (1988) y *Explorations in Exegetical Methods* (1996). Participa en una nueva traducción de la Septuaginta al inglés.

Lic. Alfredo Tépox, especialista en lingüística y hebreo, uno de los principales traductores de *Dios habla hoy*, la conocida versión de la Biblia en lenguaje popular. Trabajó por muchos años con las Sociedades Bíblicas Unidas en muchos proyectos de traducción bíblica. Ha desempeñado cargos directivos en varias instituciones evangélicas, como la Comunidad Teológica de México. Recientemente regresó a las Sociedades Bíblicas Unidas como consultor de traducciones.

Dr. Esteban Voth, doctorado en Biblia hebrea e historia del cercano oriente antiguo. Por muchos años sirvió como decano académico y profesor de Antiguo Testamento del Instituto Bíblico Buenos Aires (IBBA). En ese tiempo también fungió como pastor de la Iglesia Evangélica de Belgrano, en la misma ciudad, e ininterrumpidamente ocupó cargos en la Asociación de Seminarios e Instituciones Teológicas (ASIT), incluyendo el de presidente de 1992 a 1996. Ha escrito varios artículos en el campo de su especialización, y es autor del tomo sobre Génesis 1–11 que forma parte del Comentario Bíblico Hispanoamericano. Rector y decano de Bethel Theological Seminary en San Diego, California y actualmente consultor de traducciones de las Sociedades Bíblicas Unidas.

BIBLIOGRAFÍA

Baez-Camargo, G. *Breve historia del canon bíblico.* México: Ediciones "luminar", 1980.

Báez-Camargo, G. *Breve historia del texto bíblico.* México: Ediciones "luminar", 1980.

Barker, Kenneth L. *Accuracy: Defined and Illustrated.* Colorado Springs: International Bible Society, 1995.

Barker, Kenneth L., editor. *The NIV: The Making of a Contemporary Translation.* Colorado Springs: International Bible Society, 1991.

Biblia comentada. Profesores de Salamanca. Salamanca: Biblioteca de Autores Cristianos, 1995.

Boring, M. Eugene. *Revelation. Interpretation: A Bible Commentary for Teaching and Preaching.* Louisville, John Knox Press, 1989.

Brown, Raymond E. y otros. Ed. *Comentario Bíblico "San Jerónimo."* 5 tomos. Madrid: Ediciones Cristiandad, 1971, 1986.

Cazelles, Henri, director. *Introducción crítica al Antiguo Testamento.* Barcelona: Editorial Herder, 1989.

Ewert, David. *From Ancient Tablets to Modern Translations.* Grand Rapids: Zondervan Publishing House, 1983.

Fee, Gordon D. & Douglas, Stuart. *How to Read the Bible for All Its Worth.* Grand Rapids: Zondervan Publishing House, 1982.

Gaebelein, Frank E., Ed. *The Expositor's Bible Commentary,* 12 tomos. Grand Rapids: Zondervan Publishing House, 1978.

García Martínez, Florentino. *Textos de Qumrán.* Madrid: Editorial Trotta, 1993.

García Martínez, Florentino, coordinador. "Los manuscritos de Qumrán". Reseña bíblica. Otoño, 1998.

Ladd, George E. *Crítica del Nuevo Testamento: una perspectiva evangélica.* El Paso: Editorial Mundo Hispano, 1990.

Las Sagradas Escrituras. Profesores Compañía de Jesús. Madrid: Biblioteca de Autores Cristianos, 1995.

Mack, Burton L. *The Lost Gospel, The Book of Q & Christian Origins*. San Francisco: Harper, 1993.

Margot, Jean-Claude. *Traducir sin traicionar: Teoría de la traducción aplicada a los textos bíblicos*. Madrid: Ediciones Cristiandad, 1987.

Metzger, Bruce M. *The Canon of the New Testament: Its Origin, Development and Significance*. Oxford: Clarendon Press, 1987.

Nida, Eugene A. *Dios habla a todos*. México: Sociedades Bíblicas Unidas, 1979.

Nida, Eugene A. & Ch.R. Taber. *La traducción: teoría y práctica*. Madrid: Ediciones Cristiandad, 1986.

O'Callaghan, José O., S.J. *Los papiros griegos de la cueva 7 de Qumrán*. Madrid: Biblioteca de Autores Cristianos, 1974.

O'Callaghan, José O., S.J., coordinador. "La formación del Nuevo Testamento." Reseña bíblica. Primavera, 1997.

Schokel, L. Alonso. *La Palabra inspirada: la Biblia a la luz de la ciencia del lenguaje*. Madrid: Ediciones Cristiandad, 1986.

Silva, Moisés. *Biblical Words and Their Meaning: An Introduction to Lexical Semantics*. Grand Rapids: Zondervan Publishing House, 1983.

Strecker, Georg & Schnelle, Udo. *Introducción a la exégesis del Nuevo Testamento*. Salamanca: Ediciones Sígueme, 1997.

Ulrich, Eugene. *The Dead Sea Scrolls and the Origins of the Bible*. Grand Rapids: William B. Eerdmans Publishers, 1999.

White, James R. *The King James Only Controversy: Can You Trust the Modern Translations?* Minneapolis: Bethany House Publishers, 1995.

Wikenhauser, Alfred y Josef Schmid. *Introducción al Nuevo Testamento*. Barcelona: Editorial Herder, 1978.

Word Biblical Commentary. Varios autores. Waco: Word Books Publishers.

Wurthwein, Ernst. *The Text of the Old Testament*. Grand Rapids: William B. Eerdmans Publishers, 1992.

Youngblood, Ronald. *The New International Version... The Standard* (November 1988).